Tilman Dreher

Lernen an Stationen – Schritt für Schritt

Sachunterricht individuell gestalten

westermann

Druck A[1] / Jahr 2013

Redaktion: Dr. Heike Bütow
Herstellung: Heike Freese; PER Medien+Marketing GmbH, Braunschweig
Satz und technische Umsetzung: PER Medien+Marketing GmbH, Braunschweig
Fotos: Tilman Dreher, Wangen
Illustrationen: Barbara Schneider-Rank, Bremen
Druck und Bindung: westermann druck GmbH, Braunschweig

ISBN 978-3-14-**162149**-5

Inhalt

Kopiervorlagenverzeichnis

Anhangverzeichnis

Vorwort

Das Lernen an Stationen hat in den letzten Jahren zunehmend an Beliebtheit gewonnen. Keine Lehrkraft, die das Lernen an Stationen nicht einmal ausprobiert hat, keine pädagogische Zeitschrift, die nicht regelmäßig Anregungen und Ideen für Deutsch-, Mathematik- oder Sachunterrichts-Stationen anbietet. Zudem haben sich viele Verlage in einem wahren Begeisterungssturm für die Möglichkeiten der Arbeit mit Lern-Stationen auf den Weg gemacht und zu jedem erdenklichen Sachthema fertige Lern-Werkstätten ausgearbeitet.

Das Lernen an Stationen hat sich seinen Platz innerhalb des Offenen Unterrichts gesichert und wird vielfach durchgeführt. Und trotzdem – ein klein wenig ist die Begeisterung abgeflaut – haben die Lehrkräfte registriert, dass viele Lernstationen nur aus einer Unmenge an Kopien bestehen und der Lernzuwachs an den einzelnen Stationen nicht unbedingt sichtbar wird. Darüber hinaus ist es für die Lehrenden oftmals schwer zu überschauen, ob alle Schülerinnen und Schüler ihre (Pflicht-) Aufgaben ernsthaft erledigt haben oder sich nur so durch die Aufgaben mogeln. Viele Lehrkräfte bemängeln, dass die starken Schülerinnen und Schüler durch die Strukturierung der Stationen in ihrem Lerneifer begrenzt werden, während die schwachen Kinder oftmals schon damit überfordert sind, zu entscheiden, mit welcher Station sie beginnen sollen.

Deutlich wird diese Stagnation auch dadurch, dass ein Großteil der Literatur zum Thema Lernen an Stationen 10 bis 20 Jahre alt ist (exemplarisch sollen hierfür Bauer 1997, Hegele 1998 oder Gieth 2001 stehen). Nur wenige Autoren sind dem Thema bis heute treu geblieben bzw. erweitern es den gegebenen pädagogischen Umständen entsprechend (z. B. Bauer 2009).

An dieser Stelle bedarf es eines Innehaltens. Das Lernen an Stationen ist in seiner Organisation um ein Vielfaches aufwändiger als gemeinhin gedacht wird. Um eine ganzheitliche, multisensorische, methodisch abwechslungsreiche und lernintensive Vielfalt an Stationen vorzubereiten, bedarf es mehr als einer Kopiervorlage. Man braucht Struktur, Ordnung und sehr viel Zeit für die Planung und Umsetzung. Zudem bedarf es einer großen Auswahl an Methoden und Lernspielen, um die Inhalte der einzelnen Stationen zu vertiefen und dauerhaft zu sichern. So sehr ich die Schaffensfreude der „Lern-Stationen-Hersteller“ bewundere, so sehr bemängele ich auch die häufig zu einfache Verarbeitung der Lerninhalte.

Wenn ich als Lehrer das „Lernen an Stationen“ sinnvoll und effektiv anwenden will, bleibt mir letztendlich nichts anderes übrig, als die Lernstationen selbst zu entwickeln. Das bedeutet, dass ich selbst Sach- und Informationstexte schreiben, Experimente, Bastelarbeiten und Bestimmungsübungen finden und die methodische Verarbeitung der einzelnen Stationen eigenständig aussuchen muss. Wenn ich doch mal die eine oder andere „fertige“ Station übernehmen kann, ist es gut. Den Großteil der Stationen werde ich aber selbst erarbeiten müssen. Erst dann ist gewährleistet, dass das Thema inhaltlich schlüssig und aus einem Guss bei den Schülerinnen und Schülern ankommt. Erst dann ist sicher gestellt, dass die methodische Verarbeitung auch auf die einzelnen Stationen zugeschnitten ist und fächerverbindende Aspekte integriert sind. Erst dann ist es letztendlich möglich, die Lernstationen individuell auf meine Schüler zuzuschneiden und auf deren Vorlieben, ihre konkreten Stärken und Schwächen einzugehen.

Denn niemand anderer als der Lehrer selbst weiß, was seine Kinder inhaltlich interessiert, wie sie lernen und wo sie in ihrer Entwicklung stehen. Dies kann bei keiner „gekauften“ Lernstation gewährleistet sein.

Dieses Buch versucht, die Herstellung von eigenen Lernstationen schrittweise zu erklären. Zusätzlich werden insgesamt über 100 Methoden und Lernspiele vorgestellt, die dazu geeignet sind, die Inhalte der Stationen zu erarbeiten, zu vertiefen und kognitiv abzusichern.

Mit dieser Grundlage sollte es möglich sein, seinen Schülern inhaltlich tiefgründige und methodisch intensiv verarbeitete Lernstationen anzubieten.

Im ersten Kapitel werden begriffliche Grundlagen gelegt: Was bedeutet Lernen an Stationen, wie ist es aufgebaut, worin liegen Chancen, Vorteile und Schwierigkeiten.

Das zweite Kapitel greift die Konkretisierung von Lernstationen auf und führt über die Vorbereitung und Planung schrittweise zur Herstellung der einzelnen Stationen.

Im anschließenden dritten Kapitel werden die notwendigen Methoden und Lernspiele vorgestellt, um eine Vertiefung der Lerninhalte beim Lernen an Stationen zu erreichen. Dieser Fundus an Lernspielen und Methoden kann übrigens für den gesamten Grundschulunterricht bereichernd sein. Er hilft dabei, Lesetexte selbst zu erstellen und zu verarbeiten, Zuordnungen (z. B. Name und Bilder von Frühblühern) zu erlernen und zu wiederholen und Zusammenfassungen aus Sachtexten zu erstellen.

Jede Methode wird im gleichen Schema beschrieben:

Name:	Name des Lernspiels
geeignet für:	EA (Einzelarbeit), PA (Partnerarbeit), GA (Gruppenarbeit)
Material:	Für das Spiel benötigtes Material (außer Stifte und Papier bzw. Heft, das bei fast allen Spielen benötigt wird)
Spielverlauf:	Beschreibung des Spiels
Arbeitsanweisung für Schüler:	So kann den Schülerinnen und Schülern das Lernspiel erklärt werden (steht bei den meisten Spielen dabei). Diese Formulierungen sind nur als Vorschlag gedacht und müssen im konkreten Fall noch angepasst werden. Sätze in Kursiv-Schrift bedeuten, dass hier noch eine konkrete Überschrift oder Ergänzung eingefügt werden muss.
Beispiel:	Bei Bedarf wird das Lernspiel durch ein Beispiel aus der Praxis anschaulich erklärt.
Variante(n):	Weitere Variationsmöglichkeiten des Lernspiels
Hinweis:	Manchmal wird die Spielbeschreibung durch weitere Tipps und Hinweise zur Herstellung ergänzt.

Viele der aufgeführten Lernspiele und Methoden sind weitläufig bekannt, in der Literatur häufig erwähnt und in vielen Variationen beschrieben. Sie wurden von mir für die Verwendung innerhalb des Lernens an Stationen adaptiert. Quellenangaben werden nur dort direkt bei der Methode gemacht, wo Spielbeschreibungen und Methoden von der Idee her unverändert übernommen worden sind. Quellenangaben für Methoden und Lernspiele, deren Grundidee übernommen wurde, sind im Literaturverzeichnis am Ende des Buches aufgelistet.

Im abschließenden vierten Kapitel werden unter den Rubriken „Organisation", „Rahmengestaltung" und „Motivation" in lockerer Folge verschiedene Tipps und Tricks aus der Praxis dargestellt, die das Lernen an Stationen einfacher, interessanter und erfolgreicher werden lassen. Hier sind noch weitere Methoden integriert, die eher den Spaß an der Sache in den Vordergrund stellen bzw. zum Abschluss einer Unterrichtseinheit und des Lernens an Stationen verwendet werden können.

Grundlagen

In diesem Kapitel ...
... lernen Sie die theoretischen Hintergründe des Lernens an Stationen kennen. Der mögliche Ablauf dieser Unterrichtsform wird erläutert und viele Vor- und einzelne Nachteile diskutiert.

Definition

In der didaktischen und methodischen Diskussion kursiert zum Thema Stationen ein Sammelsurium an verschiedenen Begriffen (Stationenarbeit, Lernen an Stationen, Stationenzirkel, Lernstationen, Lerntheke, Lernwerkstatt, Lernstraße, ...), die sich alle in Kleinigkeiten unterscheiden, im Kern aber dieselbe Intention verfolgen. Das Lernen an Stationen (so soll es ab jetzt hier genannt werden) bedeutet, dass Schülerinnen und Schüler

- an verschiedenen Lernstationen,
- das Sachunterrichtsthema vielfältig, umfassend und multisensorisch bearbeiten,
- dabei individuell selbstständig,
- weitgehend selbstkontrolliert,
- in selbst gewählter Reihenfolge
- und im eigenen Lerntempo arbeiten.

Durch diese Definition wird der individuelle Anspruch des Lernens an Stationen deutlich. Das einzelne Kind kann durch das vielfältige Angebot, das idealerweise verschiedene Lernkanäle anspricht und verschiedene Niveaustufen beinhaltet, an seinen selbst gewählten Schwerpunkten auf seinem Niveau und im eigenen Lerntempo arbeiten Das beinhaltet aber auch – wenn wir Lehrer die Vorgabe des individuellen Lernens ernst nehmen – dass ein Kind eine Station öfter wiederholen darf oder einen eigenen inhaltlichen Schwerpunkt bildet. Allerdings vertrete ich auch klar die Ansicht, dass ein gewisses Maß an (Pflicht-) Aufgaben, ein gewisses Fundamentum, von allen Schülerinnen und Schülern geleistet werden soll.

Neben der „klassischen" Arbeit an Stationen gibt es verschiedene andere Formen, die sich hauptsächlich durch den organisatorischen Aufbau der einzelnen Stationen unterscheiden:

Stationen mit Wahlmöglichkeiten

An jeder Station kann unter verschiedenen, das gleiche Teilthema behandelnde Unterstationen gewählt werden (Abb. 1). Hier können verschiedene Schwierigkeitsstufen, verschiedene Lernkanäle und methodische Varianten berücksichtigt werden.

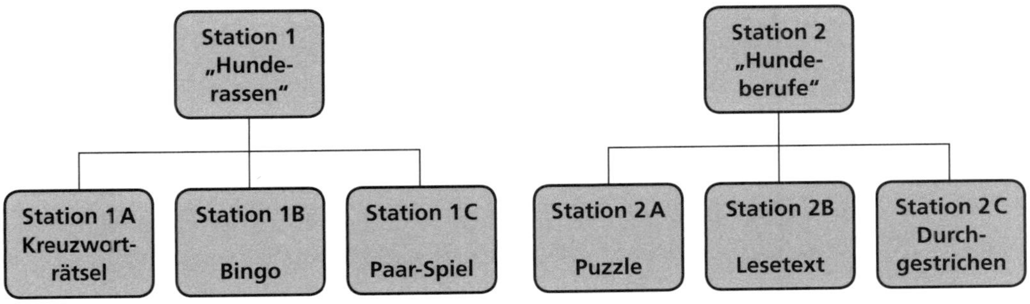

Abb. 1: Stationen mit Wahlmöglichkeit

Fundamentum und Additum

Bestimmte Stationen müssen als Pflichtstation bearbeitet werden (= Fundamentum), andere sind als freiwillige Ergänzungs- und Differenzierungsstationen gedacht (= Additum) (Abb. 2).

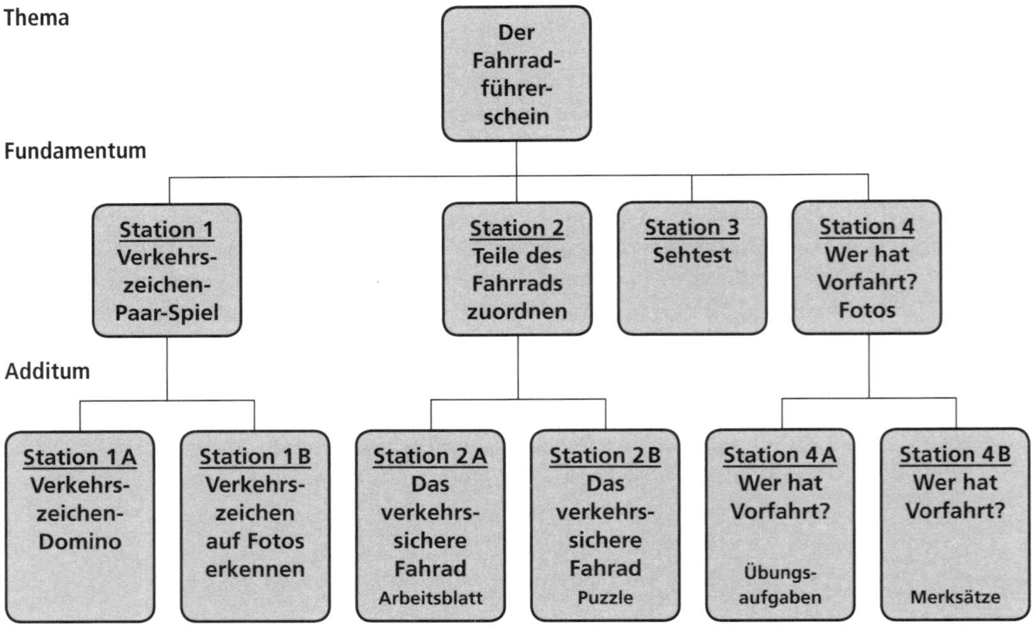

Abb. 2: Stationen mit Pflichtaufgaben (Fundamentum) und Wahlaufgaben (Additum)

Lernstraße

Bei einer Lernstraße (Abb. 3) ist die Reihenfolge der einzelnen Stationen festgelegt, da sie inhaltlich aufeinander aufbauen. Hier müssen die Schülerinnen und Schüler zu unterschiedlichen Zeiten mit der ersten Station beginnen, da es ansonsten zum „Stau" kommt (siehe Praxistipp „Erste Station" auf S. 83).

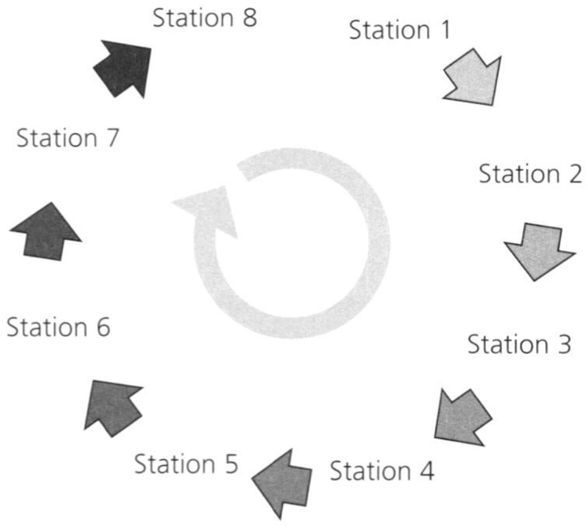

Abb. 3: Lernstraße

Als Ideal gilt das Fächer verbindende Lernen an Stationen, von Wallaschek (1991, S. 89) als „thematischen Zirkel" bezeichnet. Hierfür bieten sich Themen aus dem Jahreskreis (Weihnachten, Frühling, ...) oder Sachunterrichtsthemen wie Tiere im Winter oder Wasser an, zu denen leicht Angebote aus den Fächern Deutsch, Mathematik, Kunst und Musik zugeordnet werden können. Meiner Beobachtung nach bemüht sich jedes angebotene oder beobachtete Lernen an Stationen um diesen Fächer verbindenden Aspekt.

Genauere Definitionen für das Lernen an Stationen werden hier nicht behandelt, da sie für den Alltag in der Schule zweitrangig sind. So ist z. B. die gängige Unterscheidung, dass die Materialien einer Lerntheke an den Platz genommen werden, während das Lernen an Stationen dort stattfindet, wo die Materialien ausliegen, für die Praxis unbedeutend. Die Schülerinnen und Schüler arbeiten in der Realität praktischerweise dort, wo es für sie effektiver ist.

Heutzutage sind oftmals noch weitere Begriffe in der pädagogischen Diskussion präsent, die an das Lernen an Stationen anknüpfen. Beim individuellen Lernen spricht man von Lernpaketen, Lernjobs oder auch Lernmodulen und meint damit, dass verschiedene Angebote zu einem Thema zeitgleich angeboten werden und die Schülerinnen und Schüler selbstständig am Thema weiter arbeiten. Und mit dieser Erklärung sind wir wieder bei der oben genannten Definition.

Das Lernen an Stationen knüpft also nahtlos an die modernen Bestrebungen des individuellen Lernens an. Gleichzeitig verstärkt sich aber die Notwendigkeit, auch gemeinsame, kooperative Arbeitsformen zu integrieren. Aber auch das ist beim Lernen an Stationen möglich, da sich die Sozialformen innerhalb der verschiedenen Stationen vielfältig variieren lassen. Zudem liegt beim Lernen an Stationen ein pädagogischer Schwerpunkt in der Abschlussphase, in der für alle Schülerinnen und Schüler gleichzeitig und gemeinsam die Quintessenz der wichtigsten Stationen wiederholt wird (s. S. 13).

Insofern stellt das Lernen an Stationen eine ideale Mischung aus individuellem und kooperativem Lernen dar, aus einer abwechslungsreichen Mischung von selbst verarbeiteten und gemeinsam entwickelten Lernideen.

Reform-pädagogik

Historisch knüpft das Lernen an Stationen an Arbeitsformen an, die aus der internationalen Reformpädagogik stammen. Helen Parkhurst entwickelte 1920 den so genannten „Dalton-Plan", bei dem die Schülerinnen und Schüler in mit Material ausgestatteten Arbeitsräumen selbstständig und individuell an fachbezogenen Themen arbeiten konnten (vgl. Knapp, 1991, S. 63).

Auch Krebs (1993, S. 30 ff.) sieht eine Verankerung im Gedankengut der Reformpädagogik: die (erwünschte) Materialbeschaffenheit nimmt Ideen der Montessori-Pädagogik auf, die Selbststeuerung, das selbstständige Lernen und die Bewegungsfreiheit innerhalb einer geordneten Lernumgebung erinnern an die Pädagogik eines Peter Petersens oder Celestin Freinet.

Überhaupt ist einer der Grundgedanken der Reformpädagogik, dem Kind eigenverantwortliche Lernentwicklungen zuzutrauen, ebenfalls ein Grundgedanke des Lernens an Stationen. Dennoch kann diese Arbeitsform nicht gleichgesetzt werden mit den Bestrebungen der Reformpädagogik. Das Lernen an Stationen nimmt vielmehr eine Mittelstellung zwischen völlig gelenktem, lehrerzentriertem Frontalunterricht und offener, selbst bestimmter Freiarbeit ein.

gelenkte Offenheit

Gerade diese Mittelstellung macht für Wallaschek das Lernen an Stationen zum idealen Vorläufer der Freiarbeit (vgl. 1991, S. 86) bzw. des individuellen Lernens: Schülerinnen und Schüler können sich hier erst einmal an freiere Arbeitsformen und weniger direkt gelenkte Unterrichtssituationen gewöhnen, der Lehrer behält sich aber durch die inhaltlich-methodische Steuerung der einzelnen Stationen die Strukturierung des Themas vor. Die „gelenkte Offenheit" der Stationen ist somit unabdingbare Voraussetzung auf dem Weg hin zum selbstverantwortlichen, selbstbestimmten und individuellen Lernen. Dies soll die Abbildung 4 noch einmal verdeutlichen (variiert und erweitert nach Hollstein, 1998, S. 51):

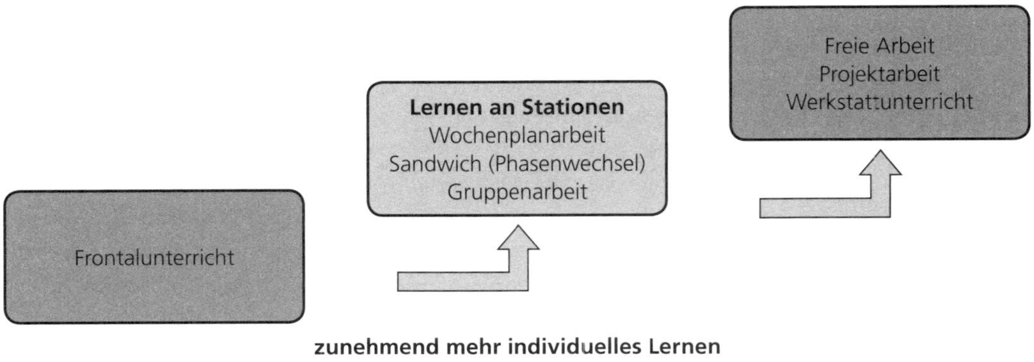

Abb. 4

Meiner Erfahrung nach ist es vor allem für schwächere Schülerinnen und Schüler sinnvoll, eine Grundstruktur an Arbeitsanweisungen vorzugeben. Durch vorgegebene Arbeitsaufträge fühlen sich diese Kinder „angeleiteter" und kommen besser in die Arbeit hinein. Andererseits muss man gerade bei Schwächeren aufpassen, dass sie über die Vielzahl der möglichen Aufgabenstellungen den Einstieg in eine konkrete Arbeit nicht verpassen.

Trotz dieser Stolpersteine stellt sich aber für mich das Lernen an Stationen als optimale Mischform aus gelenkter und freier Arbeit dar, als gelungene Balance aus Anleitung und freier Wahlmöglichkeit und gleichzeitig als gesunde Mischung aus individueller Einzelarbeit und kooperativer Partner- oder Gruppenarbeit.

Individuelles Lerntempo

Die Erkenntnisse moderner Entwicklungspsychologie unterstützen das Konzept des Lernens an Stationen: Individuelle Lernwege und vor allem ein individuelles Lerntempo werden heute als wichtig für die Erhöhung des Lernerfolgs und vor allem für die Stabilisierung der Lernmotivation angesehen. So sind Lerntempo-Unterschiede im Verhältnis 1:3, in Extremfällen sogar im Verhältnis 1:9 nachgewiesen worden (d.h. wenn ein Kind zum Bearbeiten einer Aufgabe 10 Minuten benötigt, braucht ein anderes dafür 30 oder sogar bis zu 90 Minuten).

Die Alltagserfahrung der Lehrkraft, dass sie in ihrer Klasse Kinder mit einer Leistungsspanne von bis zu drei Schuljahren haben, untermauert diese These.

Es erscheint also unsinnig, Unterrichtsmethoden anzuwenden, die (oftmals unbewusst) davon ausgehen, dass alle Schülerinnen und Schüler zur gleichen Zeit denselben Stoff lernen könnten.

Hier bietet sich das Lernen an Stationen geradezu an, da durch die Vielfalt der Stationen und durch die Freiheit bezüglich der Zeiteinteilung (jedes Kind darf grundsätzlich so lange an einer Station bleiben, wie es möchte bzw. wie es für die Bewältigung der Anforderungen braucht) der individuelle Lernprozess gefördert wird.

Die Möglichkeiten der gezielten Schülerbeobachtung und der individuellen Betreuung einzelner Schülerinnen und Schüler während der Arbeit an den Stationen runden das Bild dieser Methode als einer im Schulalltag höchst sinnvollen Unterrichtsmethode ab.

Rolle der Lehrkraft

Die Rolle der Lehrkraft verändert sich also weg vom Unterrichtenden hin zum (konstruktivistischen) Gestalter der Lernumgebung.

Die Vorbereitungszeit nimmt einen größeren Stellenwert ein, das Arrangieren des Handlungsrahmens im Klassenzimmer erfordert viel Zeit vor dem eigentlichen Beginn der Arbeit an Stationen. Die Lehrkraft gestaltet die „situierte" Lernumgebung (vgl. Lankes, 2000, S. 10ff.) und erleichtert den Kindern den Zugang zum Lernen. Während der Arbeit an den Stationen ist die Lehrkraft eher Berater, Coach und hilfsbereiter Beobachter.

Wichtig ist es für die Lehrkraft auch, Beobachtungen und Verbesserungsvorschläge, die durch die konkrete Arbeit aufgetaucht sind, sofort niederzuschreiben, um sie bei der nächsten Arbeit an Stationen einfließen lassen zu können. Trotz allem muss betont werden, dass die Lehrkraft keine Randstellung einnimmt, sondern immer im Mittelpunkt des pädagogischen Geschehens stehen muss. Sie ist und bleibt der Regisseur allen Unterrichts und muss alle pädagogischen Fäden in der Hand behalten (vgl. Hattie 2009).

Didaktischer Ort

Der Lehrkraft fällt die Aufgabe zu, festzulegen, wann und wo innerhalb einer Unterrichtseinheit der Einsatz von Stationen sinnvoll erscheint.
Hier gibt es – vereinfacht gesprochen – drei Möglichkeiten:

- Man setzt die Stationen an den Anfang der Unterrichtseinheit und sorgt durch den mehrperspektivischen, breitgefächerten Aufbau der Stationen für eine Erstbegegnung mit dem Thema.
  Die Schülerinnen und Schüler bekommen einen ersten Einblick in die Vielfältigkeit eines Themas. Neugier, Interessen und Vorwissen werden geweckt, die ganze Unterrichtseinheit wird überblicksartig präsentiert.
  Geeignet sind hier Stationen, an denen geforscht, experimentiert und Phänomene entdeckt werden können (z. B. Thema Sinne oder Thema Luft; also Themen, bei denen ein spielerischer, handlungsorientierter und experimenteller Zugang möglich ist).
  Einzelne Stationen können auch bereits Wissen vermitteln. Hier bieten sich dann Methoden an, mit denen Wissen von den Schülerinnen und Schülern selbstständig erarbeitet werden kann (siehe Methoden in den Kapiteln 3.1 ab S. 29 und 3.3 ab S. 61).
- Einsatz der Stationen in der Mitte einer Unterrichtseinheit. Nachdem mit allen Schülerinnen und Schülern Grundlagen zu einem Thema erarbeitet worden sind, kann der Einsatz von Stationen zur Vertiefung, Festigung und Übung der Lerninhalte dienen.
  Die Verwendung als Übungs- und Vertiefungsstationen ist am weitesten verbreitet, da sich hierfür genügend Materialien und Methoden für interessante und motivierende Stationen finden lassen (siehe Methoden in den Kapiteln 3.2 ab S. 37 und 3.4 ab S. 76).
- Die dritte Einsatzmöglichkeit liegt am Ende einer Unterrichtseinheit. Die erarbeiteten Inhalte werden wiederholt, erlernte Fertigkeiten und Fähigkeiten angewandt. Die Stationen am Ende eines Themas dienen dazu, dieses abzuschließen und die vielen einzelnen Aspekte auf das Gesamtthema zurückzuführen. Stationen als Lernkontrolle bzw. als Übungs- und Wiederholungszirkel sind generell für fast alle Themen geeignet.

Unterrichtsphasen

Betrachtet man den organisatorischen Ablauf des Lernens an Stationen, so weist dieses in der Regel vier typische Unterrichtsphasen auf:

- eine Anfangs- und Strukturierungsphase,
- einen Rundgang entlang der Stationen,
- die konkrete Arbeit an den Stationen,
- und einen Abschluss.

Anfangs- und Strukturierungsphase

Die Anfangs- und Strukturierungsphase verfolgt dabei das Ziel, einen Einstieg in das Lernen an Stationen zu finden. Dies kann durch einen mitgebrachten Gegenstand, ein Experiment, ein Lied, eine Stilleübung, Meditation oder Phantasiereise über einen Gegenstand zum Thema (z. B. Steine), einen Text, einen Film oder ein Bild geschehen. Auch das Erscheinen einer Motivationsfigur (siehe Praxistipp „Geschichten" auf S. 102), die eine Geschichte zum Thema erzählt und durch ihre (sinnvollen oder sinnlosen) Fragen neugierig auf die Arbeit an den Stationen macht, die Erinnerung an bisher Gelerntes oder das Erstellen eines Clusters mit den Schülern ist als Einstieg denkbar (vgl. Wallaschek, 1991, S. 87 und Krebs, 1993, S. 27).
Ebenso eignen sich aber auch bestimmte Lernspiele für einen gelungenen Anfang:

- Stille Post (ein Satz zum Thema wird flüsternd auf die Reise geschickt)
- Dalli-Klick (ein Bild zum Thema wird Stück für Stück aufgedeckt)
- Ich packe meinen Koffer (mit Begriffen aus dem Themenbereich)
- Alle Vögel fliegen hoch (bei Begriffen zum Thema bleiben die Hände unten)
- Impulsplakate (die Kinder stellen sich zu dem Plakat, dessen Aussage für sie zutrifft, z. B. „Hunde finde ich toll, weil ..." oder „Hunde finde ich blöd, weil ..." und diskutieren mit den anderen Kindern darüber)
- Blitzlicht (im Sitzkreis nimmt kurz jedes Kind Stellung zum Thema und formuliert seine Interessen, Erwartungen und Befürchtungen)

- Das Vorwissen der Kinder wird durch den „Roten Punkt“ (siehe Praxistipp auf S. 104) erfasst
- eine zum Thema passende Landschaft wird aufgebaut (bietet sich bei erdkundlich-geschichtlichen Themen an, z. B. Dinosaurierlandschaft mit Vulkan und Origami-Dinosauriern)

Wichtig ist, dass das Thema in den Blick der Schülerinnen und Schüler gerät, an den bisherigen Wissens- und Erfahrungsstand der Kinder angeschlossen wird, neue Fragen aufgeworfen werden und so die Motivation für das Lernen an Stationen grundgelegt wird (vgl. Faust-Siehl, 1995, S. 6 und Krebs, 1993, S. 27).

Rundgang entlang der Stationen

Der Rundgang entlang der Stationen dient der Orientierung im Aufgabenspektrum. Dieser soll den Schülerinnen und Schülern einen groben Überblick über die Stationen und die jeweiligen Teilthemen geben. Es ist hier wenig sinnvoll, jede Station genau zu erklären, da die Schülerinnen und Schüler nach ein paar Erklärungen abschalten werden. Wichtiger ist der Hinweis darauf, dass alle Aufgaben auf den Auftragskarten erklärt sind und diese sorgsam gelesen werden müssen.

Der Arbeitspass, auf dem die Kinder später die bearbeiteten Stationen markieren, kann an dieser Stelle ausgeteilt werden. So gewinnen alle einen ersten Überblick über das Stationen-Angebot und entscheiden sich bereits für „ihre“ erste Station.

Verhaltensregeln (siehe Praxistipp „Regeln und Rituale“ auf S. 83) werden besprochen, den Schülern wird ein sauberes Aufschreiben und Darstellen der Ergebnisse ins Heft oder ins Themenheft (siehe Praxistipp „Arbeitsergebnisse“ auf S. 84) nahegelegt (vgl. Hollstein, 1998, S. 64).

Arbeit an den Stationen …

Danach startet die Arbeit an den Stationen. Die Schülerinnen und Schüler arbeiten ihrem Lerntempo gemäß und bestimmen selbst die Reihenfolge der Stationen. Die bearbeiteten Stationen werden auf dem Arbeitspass abgehakt; so behalten die Kinder (und die Lehrkraft) den Überblick. Ist eine Station besetzt, dann wenden sich die Kinder zuerst einer anderen Arbeit zu und kehren später, wenn die Station „frei“ ist, dorthin zurück.

Jede Station sollte nicht mehr als zweimal vorhanden sein. Dadurch wächst die „Bedeutsamkeit“ jeder einzelnen Station und die Notwendigkeit, sich abzusprechen, wann wer mit welcher Station arbeiten kann.

… und deren grundlegender Aufbau

Angeboten wird eine ausgewogene und abwechslungsreiche Lernmischung aus 10 bis maximal 20 Stationen:

- 4–5 Sachtexte, die die fachlichen Grundlagen des Themas in Form von Lesetexten bearbeiten (inhaltlich vertieft und verarbeitet durch Methoden aus dem Kapitel 3.2).
- 3–4 Bestimmungsübungen (Zuordnungen), bei denen Bilder und Namen zugeordnet werden müssen. Hier lernen die Schülerinnen und Schüler zum Beispiel, verschiedene Dinosaurier oder Hundearten zu benennen oder sie lernen Blumennamen den entsprechenden Blumenbildern zuzuordnen (erstellt, verarbeitet und vertieft werden diese Stationen durch Methoden aus den Kapiteln 3.3 und 3.4)
- 1–2 Experimente: Experimente, die innerhalb des Lernens an Stationen durchgeführt werden, müssen einfach verständlich beschrieben sein, gefahrlos und ohne direkte Aufsicht durchführbar sein und sollten von den Kindern im Anschluss schriftlich protokolliert werden. Dabei bietet es sich an, das Versuchsprotokoll in die Rubriken „Das habe ich beobachtet“ und „Was das Experiment beweist/Das ist mein Ergebnis“ zu unterteilen.
- 1 Bastelangebot: Erstrebenswert finde ich Bastelarbeiten, die einen Sinn machen bzw. eine Funktion erfüllen. Im Sachunterricht bieten sich hier z. B. drehbare Sternkarten, Wetter-Messgeräte oder Nistkästen an. Bastelarbeiten, die nach dem Basteln direkt in den Papierkorb wandern, versuche ich zu vermeiden.

- 3–4 besondere Stationen:
  ➔ Gemeinschaftsstation: Jede Schülerin und jeder Schüler trägt etwas zu einem großen Gemeinschaftswerk bei z. B. eine Landschaft aufbauen oder an einem großformatigen gemeinsamen Bild arbeiten
  ➔ eigene Station: Jede Schülerin und jeder Schüler entwickelt eine eigene Station zum Thema (Rätselfragen, selbst geschriebene Sachtexte, Kreuzworträtsel, u. a., siehe Praxistipp „Beteiligung der Schüler" auf S. 88). Diese Station soll anschließend von anderen Kindern bearbeitet werden.
  ➔ Referatstation: Die Schülerinnen und Schüler erarbeiten eine kleines Referat zum Thema und gestalten eine eigene DIN-A3-Seite (z. B. einen bestimmten Dinosaurier vorstellen), um ihre Arbeit zu präsentieren. Um diese Station bearbeiten zu können, sollten verschiedene Materialien (Bücher und Bilder zum Thema, Eddings, Stifte, Plakatkarton, …) ausliegen. Die Referate werden im Anschluss an die Stationen der Klasse vorgetragen. Bei dieser Station können auch offene Aufgaben, bei denen sich die Kinder selbst eine Aufgabe- bzw. Fragestellung zum Thema ausdenken, bearbeitet werden.
  ➔ Spaß-Station: Hier steht eher der Spaß am Rätseln und Entdecken im Vordergrund (siehe Praxistipp „Methoden, die einfach nur Spaß machen" ab S. 93)
  ➔ der Lehrer als Station: An dieser Station steht die Lehrkraft als Ansprechpartner zur Verfügung und erklärt einen komplizierten Sachverhalt oder erläutert eine aufwändigere Bastelarbeit (z. B. Origamifiguren falten). Der „Lehrer als Station" kann nur eingesetzt werden, wenn alle anderen Stationen ohne Hilfe der Lehrkraft auskommen und alle Schülerinnen und Schüler wissen, was sie zu tun haben
- 1–2 Kunstangebot oder Angebote aus dem handwerklichen Bereich
- eventuell 1–2 Stationen aus dem Bereich Mathematik oder Musik

Natürlich verändert sich – je nach Sachunterrichtsthema – die Gewichtung. Bei manchen Themen wird der Anteil der Sachtexte höher sein, bei anderen werden mehrere Experimente angeboten. Auch die „besonderen Stationen" sind nicht immer alle integrierbar. Andererseits kann bei manchen Themen z. B. der Schwerpunkt auf die Referatsstation gelegt werden.

Hier ist der pädagogischen Freiheit der Lehrkraft keine Grenze gesetzt. Es ist nur darauf zu achten, dass an den einzelnen Stationen genügend Lernzuwachs vorhanden ist und eine tiefgründige Verarbeitung der Lerninhalte durchgeführt wird.

Abschluss

Nachdem die Kinder – je nach Lerntempo – den überwiegenden Teil der Stationen bearbeitet haben, werden zum Abschluss bestimmte exemplarische Stationen noch einmal vor der gesamten Klasse vorgeführt:
- Ein Experiment wird wiederholt, Sachtexte inhaltlich aufgegriffen und Schwierigkeiten bei manchen Stationen besprochen.
- Es ist denkbar, dass verschiedene Schülergruppen je eine Station wiederholen (vielleicht die Experten, siehe Praxistipp „Experten" auf S. 92) und darlegen, was es dort zu lernen, zu tun und zu beobachten gab.
- Ein Kreisgespräch („Was hat euch am besten gefallen?", „Wer kann mir jetzt sagen, wie/warum …?", „Was hat nicht geklappt?") oder das Vorstellen der entstandenen Schülerarbeiten (Bilder, Collagen, Eigentexte, Referate, Themenhefte bzw. Portfolios …) trägt ebenfalls dazu bei, die Arbeit an den Stationen inhaltlich und organisatorisch abzurunden. Auch lassen sich manche Lernspiele verwenden, um das Lernen an Stationen stimmungsvoll zu beenden (siehe Praxistipp „Methoden zum Abschluss" auf S. 104)

Wichtiges Ziel dieses Abschlusses ist es, die Quintessenz eines Zirkels (noch einmal) herauszuarbeiten (z. B. Stationen zum Thema „Luft braucht Platz", bei dem anhand eines exemplarischen Experimentes das Phänomen „Luft ist unsichtbar, braucht aber dennoch Platz" verdichtet wird). Schülerinnen und Schüler, die den Ablauf der Stationen bis dahin als Aneinanderreihung verschiedener Arbeitsaufträge gesehen haben, bekommen hier die Chance, sich gedanklich zu konzentrieren. Hier wird versucht, „den Sack zuzumachen" und „einen Knopf unter das Thema" zu machen. Altenburg weist ebenfalls darauf hin, dass sich die Reflexion zum Abschluss der Stationen keinesfalls „auf Äußerungen wie „hat Spaß gemacht" beschränken (dürfen)" (Altenburg, 2000, S. 15). Der Abschlussphase kommt insofern eine enorme Bedeutung zu, um ein Thema auf den Punkt zu bringen und es nicht nur im Spielerisch-Handelnden zu belassen.

Gelungene Ideen für einen Abschluss sind auch:
- Eine Ausstellung mit den bearbeiteten Stationen gestalten und den Eltern präsentieren.
- Lernzuwachs durch die Methode der „Rote Punkt" (siehe S. 104) erfassen.
- Referate zum Thema entwickeln und vortragen.
- Aus den bearbeiteten Stationen ein „Forscherbuch" bzw. ein „Themenheft" zusammenstellen.

Kritik

Kritische Stimmen gegen das Lernen an Stationen hört man oft dann, wenn dieses in einer Flut von Arbeitsblättern untergeht. Diese Vereinfachung geschieht meistens mit dem Hintergrund, den überaus großen Vorbereitungsaufwand der Stationen zu reduzieren. Eine (Papier-) Aufgabe nach der anderen zu erledigen, wird aber die Motivation der Schüler und Lehrer für diese Unterrichtsmethode rapide sinken lassen.

Die offenere Unterrichtssituation lässt zudem den „heimlich untätigen" Schülerinnen und Schülern mehr Gelegenheit, der Arbeit auszuweichen. Andere Kinder wiederum legen eine planlose Hektik an den Tag, um möglichst schnell mit allen Stationen fertig zu werden. Auf beide Extreme hat die beobachtende Lehrkraft verstärkt ein Auge zu richten und intervenierend einzugreifen.

Es ist zudem zu beobachten, dass viele Stationen keinen (fachlich und didaktisch-methodisch) konsequenten Aufbau haben. Vielmehr ist eine Unmenge an Stationen dargeboten, deren Bearbeitung keinen wirklichen Lernfortschritt beinhalten, an denen die eigentlich erwünschten Lernziele durch Beschäftigungsstationen überdeckt und verschleiert werden. Hier ist es wichtig, in der Planung den Gesamtaufbau des Themas zu fixieren (siehe S. 20) und bei der Herstellung immer wieder darauf zu achten, dass die eigentlichen Lernziele nicht aus den Augen verloren werden. Das geschieht nie absichtlich, aber oft aus Zeitmangel.

Auch sollte in manchen Fällen überhaupt auf ein Lernen an Stationen verzichtet werden. Wenn das Unterrichtsthema die gleichzeitige Aufmerksamkeit aller erfordert oder das Gesamtthema nicht sinnvoll in verschiedene Stationen aufgeteilt werden kann, sollte diese Unterrichtsmethode nicht verwendet werden. Die Balance zwischen offenen und geschlossenen (manchmal direkter zum Ziel führenden) Methoden muss gerade im Sachunterricht gewahrt bleiben.

Lernstationen entwickeln – Schritt für Schritt

In diesem Kapitel …
… erfahren Sie, was alles notwendig, um ein sinnvolles Lernen an Stationen anbieten zu können. Hier wird schrittweise geklärt, welche Materialien zur Herstellung von Lernstationen gebraucht werden und wie bei der Planung und Vorbereitung effektiv vorgegangen wird.

2.1 Vorbereitung

Damit sich die Schülerinnen und Schüler mit den einzelnen Stationen zurechtfinden und um einen reibungslosen Ablauf der Arbeit an den Stationen zu gewährleisten, braucht es – unabhängig vom Thema der Stationen – folgenden Organisationsrahmen:

- Stationenwimpel, um auf die im Klassenzimmer verteilten Stationen aufmerksam zu machen;
- Auftragskarten an jeder Station, auf denen die jeweilige Aufgabe erklärt ist;
- einen Arbeitspass für jede Schülerin und für jeden Schüler, auf dem die bearbeiteten Stationen markiert werden.

Stationenwimpel

Stationenwimpel zeigen die Nummer der jeweiligen Station an. Sie sind als erster Blickfang für die Station sehr wichtig und zeigen den Kindern, wo sie welche Station finden. Es lohnt sich, hier ästhetische und dauerhaft haltbare Materialien zu verwenden (z. B. buntes, foliertes Tonpapier), da die Stationenwimpel immer wieder verwendet werden.

Es bieten sich mehrere Varianten an, die sich leicht selbst herstellen lassen (Abb. 5):

- Ein bunter, folierter, mit der Stationsnummer beschriebener Karton wird auf die Hälfte gefaltet und zeltförmig aufgestellt. Ebenso kann der Karton der Länge nach 4-mal gefaltet und mit doppelseitigem Klebeband befestigt, aufgestellt werden.
- In ein zu einem Kegel geformten Stück Knete wird ein dünnes Rundholz (Durchmesser 1–3 mm) gesteckt, an dessen Ende ein Papierwimpel angeklebt wird.
- In eine runde Holzscheibe (Durchmesser 10–15 cm, Dicke 2–4 cm) wird ein Rundstab (Durchmesser 5–10 mm) geleimt. An dessen Ende wird mit einer Holzwäscheklammer oder einer Reißzwecke ein foliertes, buntes Stück Karton mit der Stationsnummer darauf befestigt.

Abb. 5: Stationenwimpel in verschiedenen Varianten

• Eine besondere Kombination aus Stationenwimpel, (Auftrags-) Kartenhalter und Ablagekorb für die Materialien der jeweiligen Station stellt die folgende Version dar:

Grundlage ist ein käuflich zu erwerbender Ablagekorb aus Plastik. Auf diesen wird (aus 10 mm dickem Holz hergestellt) die unten abgebildete „Hauskonstruktion" aufgesetzt. In den Ablagekorb werden die Arbeitsblätter oder sonstigen Stationsmaterialien gelegt, die Auftragskarte wird am „Haus" mit angeleimten Holzwäscheklammern oder mit kleinen Schraubhaken befestigt. Über allem prangt weithin sichtbar die Nummer dieser Station (Abb. 6–8, Bastelanleitung im Anhang).
Manchmal kann es aus Stabilitätsgründen notwendig werden, dass die „Hauskonstruktion" einen Fuß nach hinten hat. Ansonsten besteht die Gefahr, dass diese Konstruktion bei leerem Ablagekorb nach hinten umfällt.

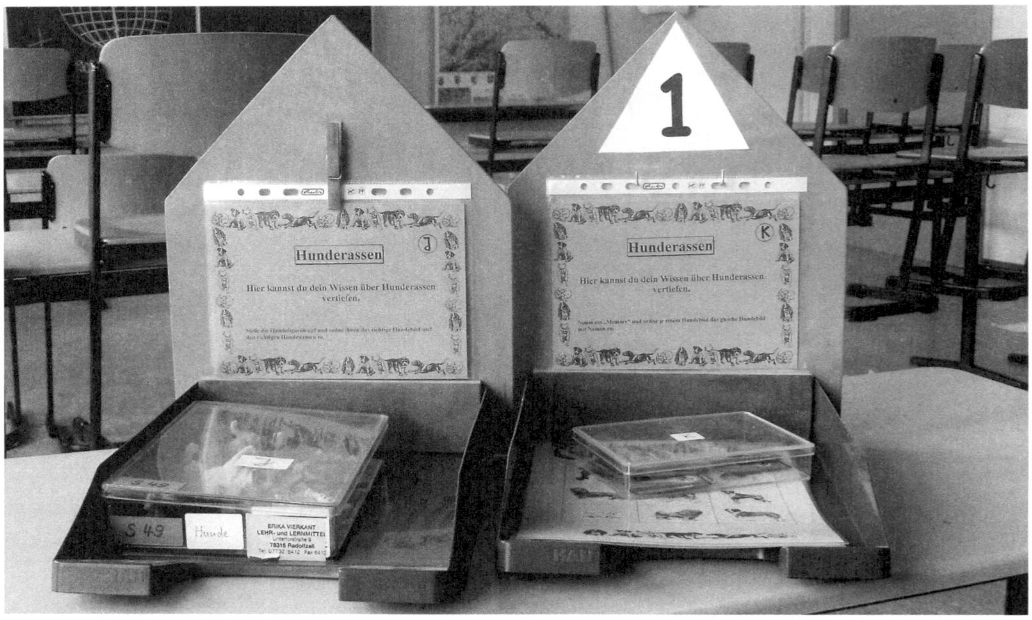

Abb. 6: Stationenwimpel, Auftragskartenhalter und Materialkorb in einer Konstruktion

Abb. 7: Detail der „Hauskonstruktion"

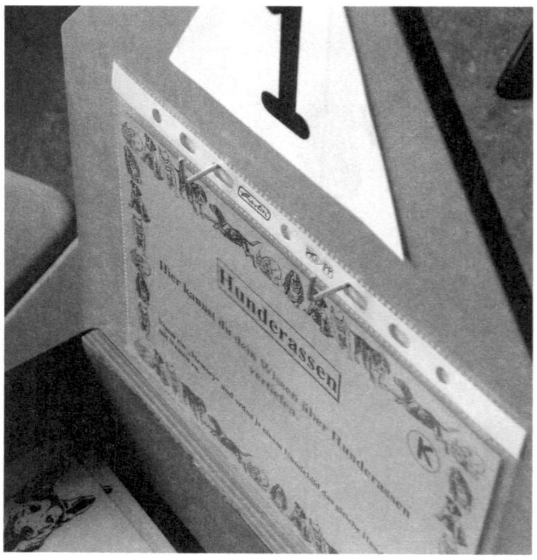

Abb. 8: Schraubhaken halten die in eine Klarsichtshülle gesteckte Auftragskarte

Auftragskarten

An jeder Station befindet sich eine Auftragskarte (Abb. 9, Format meist DIN A5 quer), auf der in kurzen Worten beschrieben wird:
• Was an dieser Station gelernt werden kann („Hier kannst du erfahren, wie ...");
• Wie die Station bearbeitet werden soll („Nimm die Karten und ...").

Die Auftragskarte ist der Zugang zu der Lernstation. Deshalb ist ein ansprechendes Äußeres besonders wichtig:

- Zum Thema passende Bilder umrahmen die Arbeitsanweisung.
- Die Auftragskarten werden auf buntes Tonpapier kopiert und foliert oder in Prospekthüllen gesteckt.

Abb. 9: Verschiedene Auftragskarten mit passenden Elementen umrahmt

Besonders jüngere Grundschulkinder müssen immer wieder aufgefordert werden, die Auftragskarten auch zu lesen und bei Fragen nicht gleich zum Lehrer zu kommen.

Auftragskarten werden in Kartenhalter gestellt, damit sie gut sichtbar präsentiert werden. Diese bestehen im einfachsten Fall aus so genannten Setzleisten (im Lernmittelversand zu erwerben oder aus 25 cm langem Vierkantholz (5x5 cm) mit zwei schrägen Einschnitten (Tischkreissäge, Schnittbreite 3–4 mm) leicht selbst herzustellen, siehe Abb. 10).

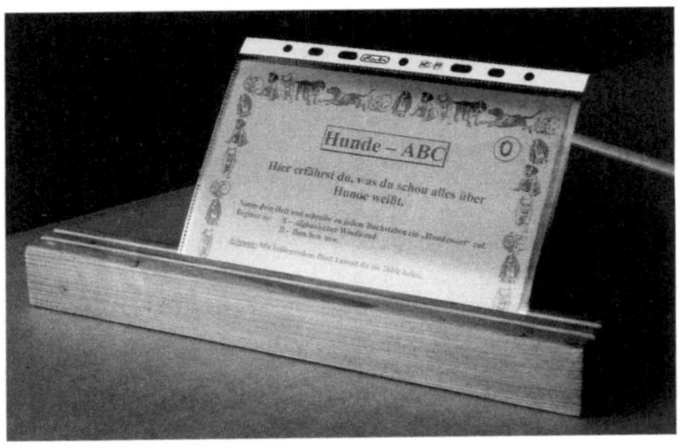

Abb. 10: Setzleiste für Auftragskarten

Falls die Auftragskarte ein größeres Format hat (DIN A4), verwendet man für die Setzleiste statt einem Vierkantholz ein breiteres Holzstück (25 cm x 10–15 cm x 5 cm) und setzt hinter die schrägen Einschnitte als „Lehne" zwei Rundhölzer (Durchmesser 5 mm, Höhe 20–25 cm, siehe Abb. 11).

Aus Holz lassen sich noch weitere schöne Kartenhalter herstellen (Abb. 12). Die folgenden Beispiele entstanden im Technikunterricht einer Werkrealschule (für die Idee und Herstellung bedanke ich mich herzlich bei Herrn Gerhard Braun von der GHWRS Haiterbach):

Die von mir bevorzugte Kombination aus Kartenhalter, Stationenwimpel und Ablagekorb für die Materialien der Station wurde schon vorn beschrieben (s. S. 16).

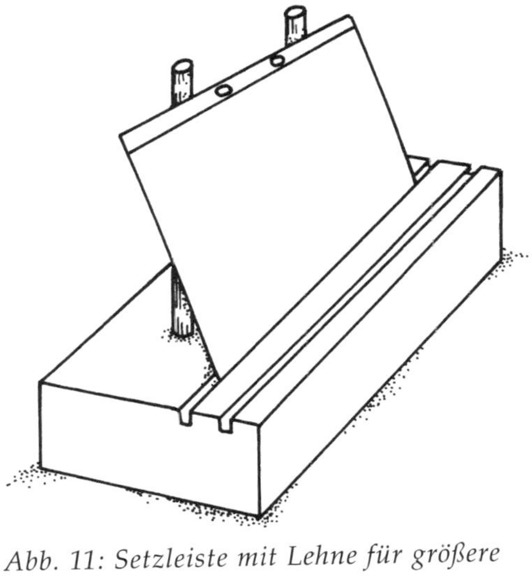

Abb. 11: Setzleiste mit Lehne für größere Karten

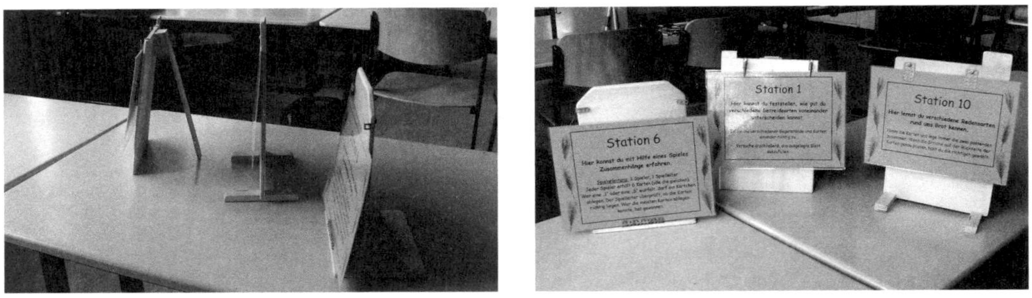

Abb. 12: Verschiedene Halter für die Auftragskarten

Arbeitspass

Jede Schülerin und jeder Schüler erhält einen Arbeitspass (auch Laufkarte oder Laufzettel genannt). Auf ihm sind alle Stationen verzeichnet. Nach dem Bearbeiten einer Station wird der entsprechende Kreis abgehakt. So behalten Schüler und Lehrkraft den Überblick, welche Stationen bereits bearbeitet sind oder noch erledigt werden müssen. Im einfachsten Fall besteht ein Arbeitspass aus einer linearen Auflistung der Stationen (Abb. 13, Kopiervorlage 1).

Abb. 13: Arbeitspass „Verkehrserziehung" (Kopiervorlage 1)

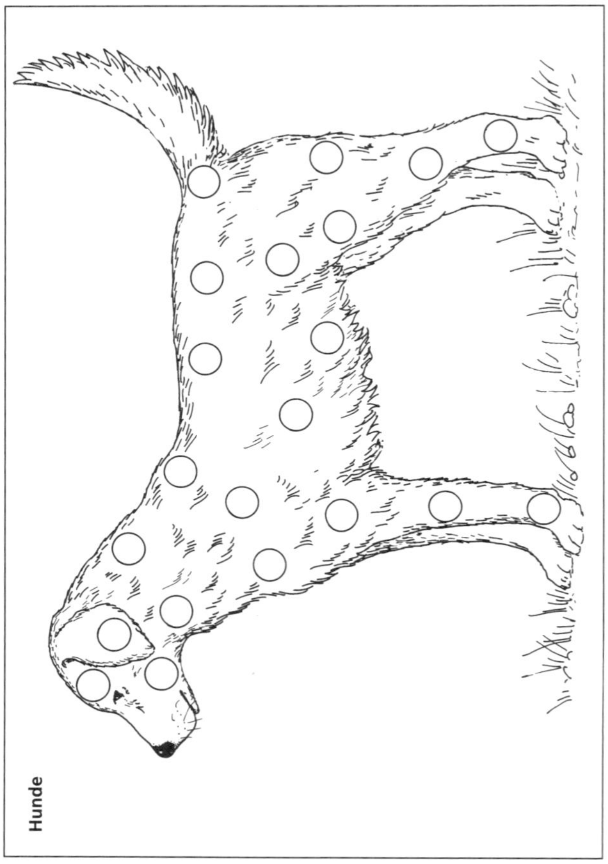

Abb. 14: Arbeitspass „Hunde" (Kopiervorlage 2)

Motivierender für Schülerinnen und Schüler ist aber, wenn der Arbeitspass bereits etwas mit dem Thema zu tun hat und z. B. einen Hund darstellt, dessen Inneres „gefüllt" werden muss oder einzelne Flammen, die beim Thema „Feuer" angemalt werden (Abb. 14, Kopiervorlage 2 und 15, Kopiervorlage 3).

Ein Arbeitspass kann auch mit der Ergebnissicherung der einzelnen Stationen (Abb. 16) kombiniert werden. Dabei werden die (inhaltlichen) Arbeitsergebnisse der Stationen stichwortartig auf einem DIN-A4-Blatt aufgeschrieben bzw. es wird angekreuzt, wie erfolgreich eine Station bearbeitet wurde:

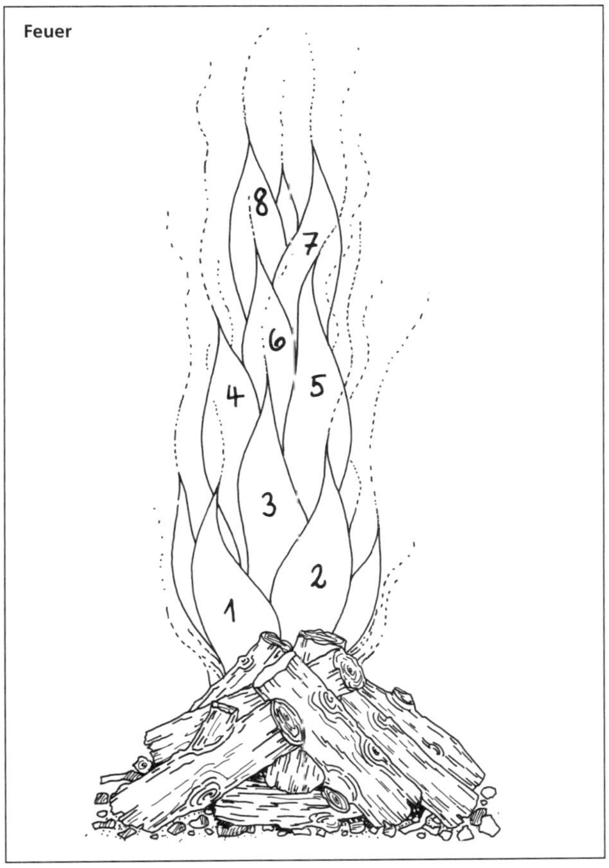

Abb. 15: Arbeitspass „Feuer“ (Kopiervorlage 3)

Getreide

- **Station 1:** Getreidearten unterscheiden
  (Ordne die verschiedenen Gegenstände und Karten einander richtig zu. Versuche anschließend, das ausgelegte Blatt auszufüllen.)
- **Station 2:** Getreidearten kennen lernen
  (Ziehe ein Loskärtchen. Lies den passenden Infotext aufmerksam durch. Beantworte das beiliegende Aufgabenblatt.)
- **Station 3:** Getreidearten blind voneinander unterscheiden
  (Ertaste die Getreidekörner in den verschiedenen Boxen und stelle das richtige Namensschild dazu.)
- **Station 4:** Beim Abmalen die Unterschiede von Gerste und Hafer erkennen
  (Zeichne eine Gerstenähre oder eine Haferrispe.)
- **Station 5:** Getreideprodukte der Getreideart zuordnen
  (Ordne die einzelnen Getreideprodukte der richtigen Getreideart zu.)
- **Station 6:** Würfelspiel zum Thema Getreide, dabei werden die Karten folgendermaßen angeordnet:

Weizenkörner	*mahlen* →	Vollkornschrot	*Brot backen* →	Vollkornbrot
	↓			
Schale, Kleie	*sieben* ↔	Weißmehl	*Brot backen* →	Weißbrot

- **Station 7:** Kartenspiele zu den Getreidearten, Ernte und Verarbeitung
  (Paar-Spiel, Zuordnung Text- und Bildkarte und Ordnen in der richtigen Reihenfolge: vom Korn zum Brot)
- **Station 8:** Die Begriffe „Ar“ und „Hektar“ kennen lernen
  (Lies den kurzen Infotext und bearbeite anschließend die Aufgaben.)
- **Station 9:** Wortfamilie „backen“
  (Wörter der Wortfamilie „backen“ sammeln und nach dem Alphabet ordnen.)
- **Station 10:** Redensarten rund ums Brot
  (Nimm die Karten und lege immer die zwei passenden zusammen.)
- **Station 11:** Getreideernte früher und heute
  (Lies den Text und schreibe die passenden Wörter in die Lücken. Rechne anschließend die Aufgaben auf dem Blatt „Ernte früher und heute – Sachrechnen“.)
- **Station 12:** Brettspiel mit Frage- und Ereigniskarten zum Thema „Getreide“

Abb. 16: Arbeitspass „Getreide“ (Kopiervorlage 4)

Viel Spaß bereitet den Schülerinnen und Schülern auch, wenn neben dem eigenen Arbeitspass noch ein gemeinsamer Arbeitspass aushängt (ein großes Bild, passend zum Thema, z.B. ein großer Hund oder wie im Beispiel ein Baum). Hier darf jeder Schüler nach Bearbeiten einer Station ein Stück des Bildes anmalen und so zum Gesamterfolg der Klasse beitragen. Denn: Je fleißiger die Kinder sind, umso schneller wird der gemeinsame Arbeitspass fertig (Abb. 17).

Abb. 17: Gemeinsamer Arbeitspass „Rund um die Bäume“

2.2 Planung und Herstellung der Stationen

Ich gehe bei der Planung der verschiedenen Stationen in einzelnen Schritten vorwärts, da ich die Erfahrung gemacht habe, dass man ansonsten von der Fülle der anstehenden Aufgaben überwältigt wird.

Schritt 1 →	**Schritt 2** →	**Schritt 3** →	**Schritt 4** →	**Schritt 5** →	**Schritt 6**
Themenraster	Material sammeln	Wissensstand der Kinder	Ziele festlegen	methodische Entwicklung	Herstellung der Stationen

Schritt 1 – Themenraster

Die Planung beginnt mit der fachlichen Auseinandersetzung mit dem Thema. Hier gewinnt die Lehrkraft einen Überblick über das Gesamtthema und macht sich fachlich zum Experten. Es geht darum, die Struktur des Themas zu ergründen. Mithilfe eines brainstormartig angelegten Themenrasters wird das Thema in verschiedene Teilaspekte aufgegliedert. Hierbei ist es wichtig, den Gedanken und Ideen zuerst einmal freien Lauf zu lassen und alles, was zum Thema passt, aufzuschreiben. Eine Bewertung nach „sinnvoll/sinnlos" oder „durchführbar/nicht durchführbar" wird erst später getroffen.

Es bietet sich an, die fachlich-inhaltliche Struktur des Themas und die Entwicklung der Stationen so zu visualisieren, dass sie immer wieder verändert werden kann (Abb. 18).

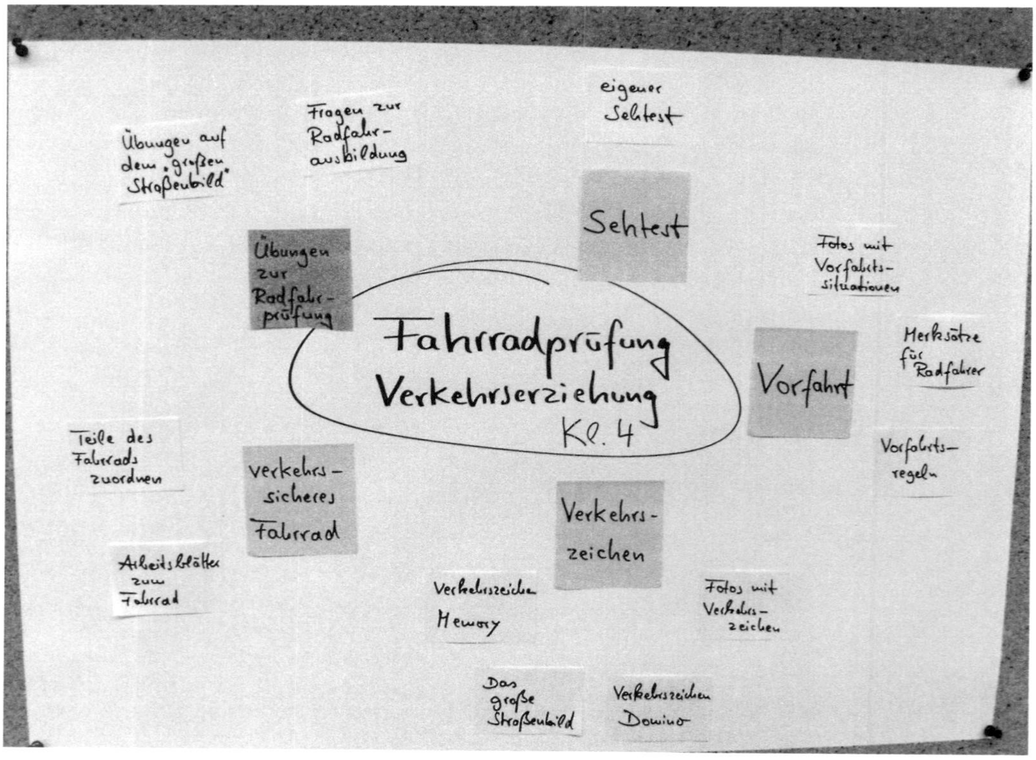

Abb. 18: Die ersten Ideen entstehen – und können leicht verändert werden

Auf einem großen weißen Papier steht in der Mitte das Thema. Alle Unterthemen schreibe ich auf Klebezettel und klebe sie ungeordnet um die Mitte herum. Das Thema wird so zunehmend differenziert. Ungeeignete Themen können einfach entfernt und die einzelnen Zettel leicht umgehängt d.h. neu strukturiert werden.

Erste Ideen für konkrete Stationen (die einem beim Lesen der Fachliteratur oft nebenher in den Sinn kommen) klebe ich – in einer anderen Farbe – in einem weiteren (äußeren) Kreis auf.

Aus dem inneren Kreis ergibt sich so mit der Zeit die inhaltliche Struktur meines Themas (Was soll vermittelt werden → didaktische Überlegungen), während aus dem äußeren Kreis die konkreten Stationen erwachsen (Wie werden die Inhalte vermittelt → methodische Überlegungen).

Mithilfe der Klebezettel lassen sich die Ideen und Gedanken viel schneller und übersichtlicher strukturieren und verändern als wenn ich diesen Arbeitsschritt mit dem Computer bearbeiten würde.

Erst wenn sich eine für mich geeignete Struktur gebildet hat, übertrage ich die Übersicht in den Computer bzw. in die Kopiervorlage (Abb. 19; in der Mitte steht das Thema, in den Kreisen herum sind die verschiedenen Unterthemen genannt, während in den rechteckigen Rahmen bereits konkrete Ideen notiert sind). Jetzt werden auch die ersten konkreten Ideen gleich in der Übersichtstabelle (siehe Planungsschritt 5 auf S. 25) notiert.

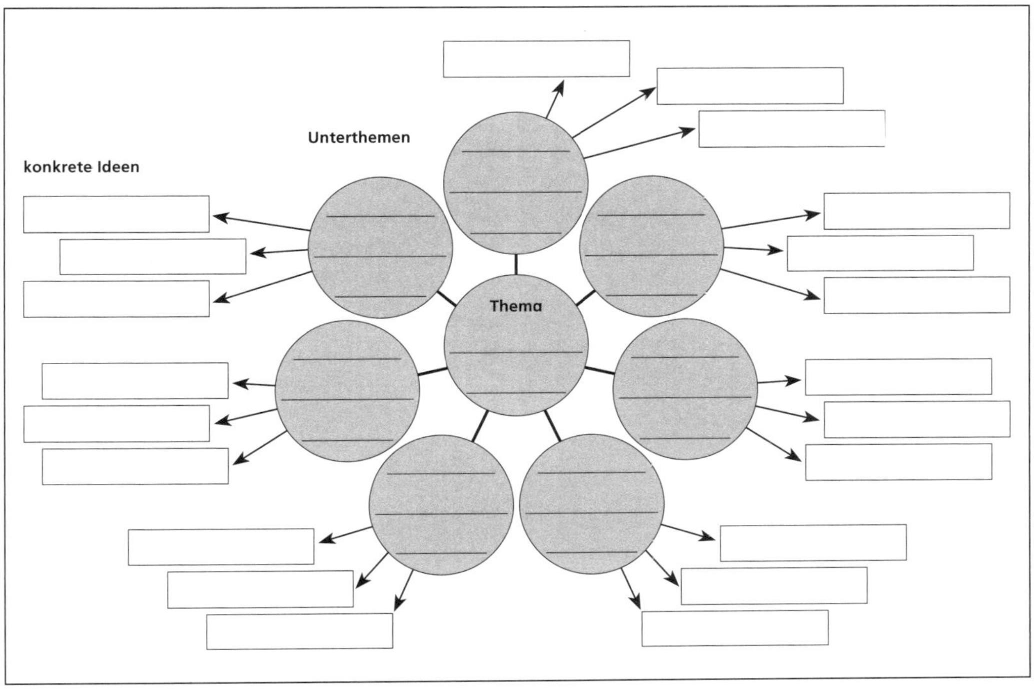

Abb. 19: Später werden die Ideen visualisiert (Kopiervorlage 6)

Schritt 2 – Materialsammlung

Aus (Kinder-) Sachbüchern, Lexika und pädagogischer Literatur werden alle zum Thema passenden Ideen und Anregungen gesammelt und in einer Ordnungskiste abgelegt. Diese besteht aus einer DIN-A4-Kiste, einem Ordner, einer Mappe oder – aus Platzgründen am sinnvollsten – einem Hängeregister, in denen das gesamte gefundene Material zunächst unsortiert deponiert wird (Abb. 20). Hier sind dann Sachtexte, Gedichte, Lieder, Geschichten, Fotos, Rätsel, Arbeitsblätter, Bastelmöglichkeiten, Handlungsanregungen, Experimente, Kochrezepte, Tänze und wichtige Adressen abgelegt. Später wird diese Materialsammlung für die konkrete Ausgestaltung der Stationen verwendet.

Ich habe es mir angewöhnt, Material zu allen Sachunterrichtsthemen in solchen Kisten nebenher zu sammeln. Wenn ich eine geeignete Anregung finde, lege ich sie in dem entsprechenden Hängeregister ab.

Abb. 20: Die Fundgrube

Es ist erstaunlich, welch ein Fundus sich im Laufe der Jahre zu allen möglichen Sachthemen ansammelt. Noch erstaunlicher ist allerdings, welche Menge an Material man benötigt, um gut gestaltete Stationen anzufertigen.

Also, nichts wie los, Lehrer sind Sammler und Jäger, alles kann verwertet werden.

Die ersten beiden Planungsschritte laufen in der Praxis parallel nebeneinander her. Durch das fachliche Einarbeiten ins Thema kommen die ersten Ideen, welche Themengebiete sinnvoll zu vermitteln wären und die Schülerinnen und Schüler interessieren könnten. Außerdem entdeckt man erste Sachtexte, die für eine Station verwendet werden können oder man findet Experimente, Basteleien oder andere Anregungen, die als Grundlage für Stationen dienen.

Alle Materialien, die verwendet werden können, werden gleich kopiert und gesondert aufgehoben. Oft findet man diese Anregungen sonst später nicht mehr.

Schritt 3 – Interessen und Wissensstand der Kinder einbeziehen

Durch ein Themenplakat (Abb. 21) im Klassenzimmer werden die Kinder über das geplante Thema informiert und können ihre Wünsche, Anregungen und ihr Vorwissen einbringen.

Konkret läuft die Arbeit mit dem Themenplakat so ab: Die Kinder schreiben ihr Wissen bzw. ihre Fragen/Interessen/Wünsche auf kleine Zettel und stecken sie in die jeweiligen Briefumschläge. Dies kann während der kleinen Pause geschehen.

Der Lehrer leert die Briefumschläge immer wieder und erhält so einen Überblick, was bereits bekannt ist bzw. was an einzelnen Teilthemen gewünscht wird. Diese Themen kann er in seine Planung der Stationen einbeziehen.

Abb. 21: Themenplakat „Dinosaurier" (als Kopiervorlage 7 auch für jeden Schüler oder eine Schülergruppe verwendbar)

Weitere methodische Möglichkeiten, um die Interessen der Kinder mit einzubeziehen, sind:

- Brainstorming
  Gemeinsam werden alle Ober- und Unterbegriffe zum neuen Thema an der Tafel gesammelt und ebenso alle Anregungen und Wünsche aufgeschrieben. In einem zweiten Schritt werden die unrealistischen Wünsche gestrichen. Die übrigen Interessensgebiete/Wünsche werden in die Stationen eingebaut.

- Ideensalat
  Die Kinder schreiben für sich allein ihre Interessen/Wünsche und Anregungen für das neue Sachunterrichtsthema auf ein Blatt und geben es der Lehrkraft.
- Hitparade
  Wenn zu viele verschiedene Wünsche aufkommen, muss ausgewählt werden. Die Wunschthemen werden an die Tafel geschrieben. Jedes Kind hat drei Stimmen, die es frei verteilen kann (kumulieren und panaschieren ist erlaubt). Danach werden die Stimmen gezählt. Die Themen mit den meisten Stimmen werden vorrangig behandelt.

Schritt 4 – Überprüfung der Ziele und Materialergänzung

Es hat sich als sinnvoll erwiesen, an diesem Punkt der Planung innezuhalten und sich noch einmal das zu Beginn angelegte Themenraster anzuschauen, das mit den Wünschen und Anregungen der Kinder erweitert wurde. Hier sind jetzt die Themen notiert, die ich in den Stationen umsetzen will, also in gewisser Weise die Ziele der Unterrichtseinheit. Jetzt wird überprüft, welche Themenbereiche sinnvoll umgesetzt werden sollen. Je nach zeitlicher Planung ist es wichtig, Schwerpunkte zu setzen und bestimmte Themenbereiche zu streichen. Es ist oftmals lohnenswerter, in den Stationen wenige Themenbereiche und diese dafür vertieft zu bearbeiten. So wird der beobachteten „Trivialisierung" des Sachunterrichts entgegen gewirkt. Die Ziele werden noch einmal extra notiert und die konkreten Stationen aufgelistet (Abb. 22).

Dinosaurier

Ziele:
- Die verschiedenen Erdalter unterscheiden lernen (Erd-Urzeit, Erd-Frühzeit, Erdaltertum, Erdmittelalter, Erdneuzeit)
- Entwicklung des Lebens darstellen
- 20 Dinosaurier aus dem Erdmittelalter genauer kennenlernen (Name, Aussehen)

Stationen:

Dinosaurier
- 1 Entdeckung der Dinosaurier
- 2 Wandlung der Kontinente
- 3 Erdgeschichte
- 4 Untergang der Dinosaurier
- Dinosaurier kennenlernen
  - 5 Bildkarten sortieren
  - 6 Sortieraufgabe
  - 7 Durchgestrichen
  - 8 Kreuzworträtsel
  - 9 Domino
- 10 Fossilisation (Experiment)
- 11 Dreiecksbilder (Kunst)

Abb. 22: Ziele und Stationen der Einheit „Dinosaurier"

An diesem veränderten Themenraster wird nun auch überprüft, ob meine Materialauswahl bereits alle Themenbereiche abdeckt. Eventuell muss ich nun beginnen, gezielt nach Material zu bestimmten Teilthemen zu suchen (Materialergänzung) oder eigene Sachtexte zu schreiben. Leider findet man im Hinblick auf die methodische Verarbeitung selten geeignete Texte. Eine unerschöpfliche Quelle an guten (vor allem kindgerecht formulierten Texten) bieten allerdings die Suchmaschinen der Kinderwissens-Seiten im Internet (www.fragfinn.de, www.kidsweb.de oder www.blindekuh.de).

Nun sind bis zu diesem Schritt alle didaktischen Entscheidungen getroffen worden. Die Leitfragen dazu waren: Welchen Aspekt des Themas will ich meinen Schülerinnen und Schülern nahe bringen? Was wird sie besonders interessieren? Was wird für ihre Zukunft bedeutsam sein?

Schritt 5 – Methodische Entwicklung der Stationen

Der nächste Schritt besteht darin, die geplanten Stationen methodisch aufzuarbeiten. Dabei ergibt sich der methodische Aufbau aller Stationen, die mit Experimenten, handwerklichem Tun, basteln, Kunst u. a. zu tun haben, beinahe von selbst. Bei Experimenten ist allerdings darauf zu achten, dass die Kinder nicht nur das Material ausprobieren, sondern das Experiment richtig nach der Anleitung durchführen. Genauso gehört hier auch dazu, das Experiment in seinem Verlauf, die Beobachtungen und das Ergebnis schriftlich festzuhalten.

Viele Stationen werden aber entweder aus Lesetexten bestehen, deren Inhalt nach dem Durchlesen methodisch aufgearbeitet werden muss oder aus Übungs- und Wiederholungsaufgaben, bei denen bereits gelernte Inhalte vertieft werden. Hier sind im Sachunterricht besonders oft Zuordnungsaufgaben anzutreffen, bei denen z. B. ein Bild einem Namen zugeordnet werden muss (Bestimmungsübungen: Dinosaurier, Hundearten, Blumennamen, ...) oder zwei zusammen gehörende Begriffe einander zugeordnet werden müssen. Deshalb werden in der Methodensammlung ab S. 29 überwiegend Lernspiele beschrieben, die sich auf die Verarbeitung von Lesetexten oder auf Zuordnungsaufgaben beziehen.

Die meisten Stationen bestehen also aus zwei Phasen: in der ersten Phase werden Informationen aufgenommen (Instruktion), in der zweiten Phase, werden diese Informationen verarbeitet (Konstruktion).

Dabei wird noch unterschieden, ob die Sachtexte vorgegeben sind und ein gelesener Text „nur" verarbeitet wird, oder ob ein Lesetext durch bestimmte Methoden zuerst selbst erstellt bzw. errätselt werden soll und erst dann weiter verarbeitet wird.

Auch bei den Zuordnungsspielen gibt es die Möglichkeit, Bilder und Namen (z. B. von verschiedenen Hundearten) entweder vorzugeben und dieses Wissen durch verschiedene Methoden zu vertiefen, oder die Bilder und Namen in Rätselform zu verpacken, sodass die Schüler ihre Wissensgrundlagen zuerst selbst erarbeiten müssen, bevor diese weiter geübt werden.

Diese Verpackung der Lesetexte bzw. der Name-Bild-Zuordnungen in Rätselform ist besonders pfiffig, da sie den Lerneffekt der Schüler enorm steigert (jeder muss seine Grundlagen selbst schaffen), dabei aber viel Spaß macht und die Schüler motiviert.

In der folgenden Übersicht wird dieser methodische Zusammenhang noch einmal dargestellt und den entsprechenden Methoden (ausführlich beschrieben ab S. 29) zugeordnet:

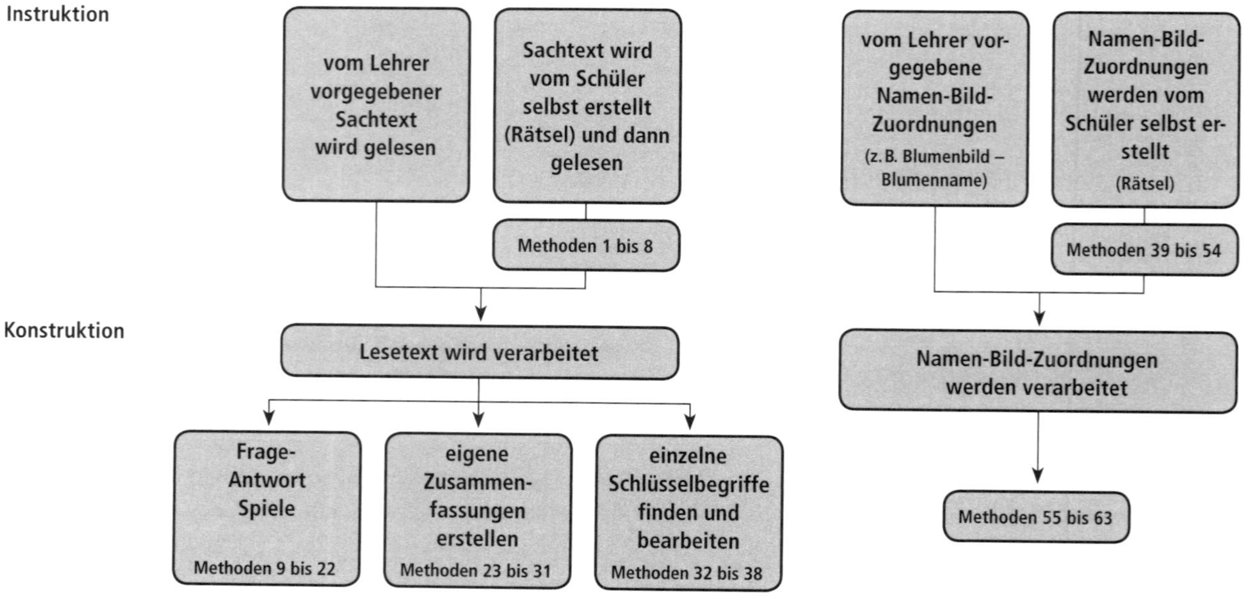

Abb. 23: Einsatzmöglichkeiten der Methoden und Lernspiele (Übersicht)

Um den Überblick nicht zu verlieren, notiere ich die einzelnen Stationen in einer Tabelle (Abb. 24, Kopiervorlage 8 als Blankovorlage). Dadurch werden die einzelnen Stationen konkreter und die Materialauswahl der Stationen immer genauer differenziert.

Thema: DINOSAURIER — Übersichtstabelle der Stationen

Nr. der St.	Unterthema/ Titel der Station	Lernangebot (Lesetext, Bastelei, malen, Experiment, Zuordnungsaufgabe, besondere Station, handelndes Tun)	methodische Verarbeitung durch ...	Kontrolle durch ...	benötigtes Material	Status der Station (Pflicht = P, Zusatz=Z) Sozialform, Fachbezug
1	Entdeckung der Dinosaurier	Lesetext	Verstümmelte Telegramme	Kontrolltisch	Sachtext, Buchstabenreihen für „Verstümmelte Telegramme"	P, EA, Deutsch/ Sachunterricht
2	Wandlung der Kontinente	Lesetext	Falsch/richtig?	Lösungsblatt am Kontrolltisch	Sachtext, Methodenblatt	P, EA, Deutsch/ Sachunterricht
3	Erdgeschichte	Lesetext	Struktur-Lege-Technik		Sachtext, Blatt mit den einzelnen Textkarten, Puzzle-Vorlage	P, EA, Deutsch/ Sachunterricht
4	Untergang der Dinosaurier	Lesetext	2a5t (dadurch eigene Zusammenfassung schreiben)		Sachtext	P, EA, Deutsch/ Sachunterricht
5–8	Dinosaurier kennenlernen	Zuordnungsaufgaben Name – Bild	Sortieraufgabe Durchgestrichen Kreuzworträtsel Domino	Lösungsblatt am Kontrolltisch	Dino-Bilder, Dino-Namen Arbeitsblätter mit Bildern und Namen Bild-Name-Karten	P, EA, Sachunterricht P, GA, Sachunterricht
9	Fossilisation (Versteinerung herstellen)	Lesetext und Experiment, handelndes Tun	Textpuzzle	Lösungsblatt am Kontrolltisch	Sachtext, Schachteln, Gips, Wasser, Gefäße, Abdeckplanen, Muscheln u. a. zum Hineindrücken	Z, PA, Deutsch, Werken
10	Dreiecksbilder	Kunstaufgabe, handwerkliches Tun			2 ähnliche Dinobilder s/w, Holzplatte, viele Dreiecksleisten	P, PA, Kunst
11	Origami-Dinosaurier	handelndes Tun			Anleitung, Origami-Papier	Z, PA, Kunst

Abb. 24: Übersicht über alle Stationen der Einheit „Dinosaurier" (Kopiervorlage 8)

Hier wird einerseits die Nummer der Station festgelegt (Spalte 1) und ihr Thema/Titel notiert (Spalte 2).

Für Grundschulkinder ist es am einfachsten, wenn die Stationen durchgehend nummeriert sind (Station 1, Station 2, ...). Nummerierungen mit Unterordnungen (Station 3.1, Station 3.2, ...) verwirren die Kinder eher.

Um Unterthemen kenntlich zu machen, können die Auftragskarten und Arbeitsmaterialien in verschiedenen Farben gestaltet werden:
Beispiel: Thema Hunde
➔ Stationen 1 bis 5 (Die verschiedenen Hunderassen kennenlernen) sind alle auf gelbem Tonpapier kopiert.
➔ Stationen 6 bis 8 (Was ein Hund braucht), auf orange kopiert usw.

Falls von jedem Unterthema die erste Station bearbeitet werden muss (Fundamentum) und die weiteren freiwillig bearbeitet werden können (Additum), dann werden die Pflichtstationen mit Station 1, Station 2 usw. nummeriert, wobei jede Station eine andere Farbe aufweist. Die Wahlstationen werden jeweils auf derselben Farbe präsentiert und mit dem Hinweis „Zusatzaufgabe" gekennzeichnet.

So ist die Zugehörigkeit zum jeweiligen Unterthema durch die Farbe kenntlich gemacht, der Unterschied zwischen Pflicht- und Wahlstation aber ebenfalls deutlich erkennbar.

In Spalte 3 wird aufgeschrieben, woraus das Lernangebot genauer besteht (Lesetext, Bestimmungsübung (Name-Bild-Zuordnung), Experiment, Bastelangebot, ...).

Aus der Art des Lernangebotes heraus entwickelt sich die methodische Aufbereitung der Stationen (Spalte 4), die Art der (Selbst-)Kontrolle (Spalte 5), das zu entwickelnde Material (Spalte 6) und die Sozialform (Spalte 7). Hier notiere ich auch noch, ob die Station eine Pflicht- oder Zusatzstation ist und welches Fach der Station zugeordnet ist. So ergibt sich ein Überblick, ob die verschiedenen Stationen bezüglich der Sozialform und von ihrem Fächer verbindenden Charakter her abwechslungsreich genug aufgebaut sind.

In diesem Schritt sind jetzt alle methodischen Entscheidungen getroffen worden. Die Leitfrage dazu lautete: Wie will ich meinen Schülerinnen und Schülern die geplanten Inhalte vermitteln?

Schritt 6 – Herstellung der Stationen

Nun endlich können die Stationen hergestellt werden. Benötigt werden die Arbeitsmaterialien für jede einzelne Station, zu jeder Station eine Auftragskarte mit der jeweiligen Aufgabe und ein Arbeitspass, auf dem die bearbeiteten Stationen markiert werden.

Dem Material kommt bei den Stationen eine große Bedeutung zu (es muss ja für sich selbst sprechen). Deshalb sind einige Hinweise zur Materialbeschaffenheit zu beachten:

- Das Material muss sorgfältig hergestellt und ansprechend gestaltet sein. Folierte Arbeitsaufträge auf buntem Papier, Zeichnungen und kleine Bilder (z. B. ein zum Thema passendes „Stationen-Logo") beleben den Umgang mit dem Material und garantieren eine längere Lebensdauer.
- Die einzelnen Stationen sollten lehrerunabhängiges Arbeiten ermöglichen. Das Material muss dementsprechend einfach strukturiert sein, der Arbeitsauftrag wird in schriftlicher Form an jeder Station ausgelegt (siehe Rubrik „Arbeitsanweisung für Schüler" bei den einzelnen Methoden).

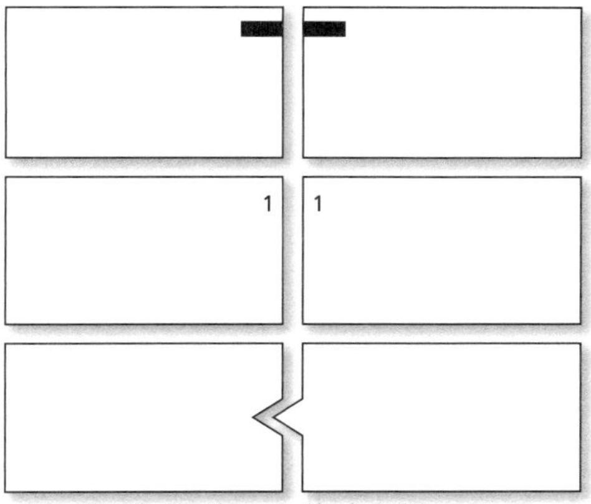

Abb. 25: Selbstkontrolle bei Karten

- Jede Station soll vom Kind selbst kontrolliert werden. Auf einem Tisch im Klassenzimmer liegen alle Lösungen aus, sodass die Kinder ihre Arbeitsergebnisse kontrollieren können (Lösungstisch). Es bietet sich an, die Lösungen jeder Station in einen großen Briefumschlag zu stecken, auf dem die Nummer der jeweiligen Station steht. Karten, die einander zugeordnet werden, können durch einfache graphische Markierungen kontrolliert werden (Abb. 25).
  Wenn an mehreren Stationen ein Lösungswort gefunden werden muss, kann sich durch das Bearbeiten aller Stationen ein zum Thema passender Lösungssatz ergeben (Abb. 26). Dies erhöht den Anreiz, richtige Lösungswörter zu „sammeln".

Beispiel:

Laufpass Dinosaurier – Lösungswortsuche

Station 1: Das	Station 2: dem
Station 3: haben	Station 4: Dinosaurier
Station 5: in	Station 6: Zeitalter
Station 7: heißt	Station 8: gelebt
Station 9: viele	Station 10: Erdmittelalter

Bilde aus allen Lösungswörtern zusammen einen sinnvollen Satz:

Das Zeitalter, in dem viele Dinosaurier gelebt haben,
heißt Erdmittelalter.

Abb. 26: Arbeitspass mit integriertem Lösungssatz

Eine weitere Kontrollmöglichkeit, eventuell bei aufwändiger zu kontrollierenden Aufgaben, ist das Arbeiten mit Experten (siehe Praxistipp „Experten" auf S. 92).

Die Selbstkontrolle gestattet den Schülerinnen und Schülern mehr Eigenverantwortung und gibt der Lehrkraft mehr Zeit, sich während der Arbeit an Stationen um „Inhaltsfragen" zu kümmern.

Trotzdem wollen gerade jüngere Grundschulkinder der Lehrkraft alles persönlich zeigen, was sie gemacht haben. Diese natürliche Rückmeldung ist wichtig und kann ev. in einer täglichen Präsentation (15 Minuten, in denen die Kinder zeigen, was sie gearbeitet haben) berücksichtigt werden.

Zu guter Letzt sollte das Material ein tätig-handelndes und differenzierendes Lernen ermöglichen. Verschiedene Sinne sollten aktiviert, verschiedene Handlungsfelder (lesen, schreiben, basteln, experimentieren, beobachten, spielen, denken ...) abgedeckt werden und verschiedene Leistungsniveaus und unterschiedliche Sozialformen integriert sein.

Da die Herstellung von Stationen sehr zeitaufwändig ist, sollte man nach Möglichkeit effektiv arbeiten:

- Alle Materialien werden foliert oder durch Prospekthüllen vor Abnutzung geschützt.
- Während der Herstellung wird ein Schnellhefter mit allen Kopiervorlagen (Aufgabenkarten, Arbeitspass, Lösungen, Materialien für die Aufgaben, ...) angelegt, um bei Verlust schnellen Ersatz zu schaffen.
- Die Schülerinnen und Schüler helfen beim Herstellen der Materialien mit (z. B. Dominokarten anmalen, etwas sauber abschreiben, ausschneiden, aufkleben, aus bestimmten Begriffen „Schüttelwörter" herstellen oder ein Kreuzworträtsel anfertigen). Schüler freuen sich über die aktive Beteiligung und sind stolz, wenn später ihr „Werk" Bestandteil der Stationen ist.
- Jede Station sollte nicht öfter als zweimal vorhanden sein. Dadurch wächst die Attraktivität jeder einzelnen Station und die Kinder müssen sich besser miteinander absprechen.

Zum Abschluss lässt sich mit der folgenden „Checkliste" der Ablauf der gesamten Planung noch einmal überblicken:

Schritt 1
fachliche Auseinandersetzung mit dem Thema
Themenraster entwickeln

↓

Schritt 2
Materialsammlung anlegen

↓

Schritt 3
Interessen und Wissensstand der Kinder einbeziehen

↓

Schritt 4
Ziele der Unterrichtseinheit festlegen
Materialergänzung

↓

Schritt 5
methodische Entwicklung der Stationen

↓

Schritt 6
Herstellung der Stationen,
der Auftragskarten und des Arbeitspasses

BINGO – die praktische Methodensammlung

In diesem Kapitel lernen Sie eine Vielzahl an Methoden und Lernspielen kennen, die für ein sinnvolles Lernen an Stationen eingesetzt werden können. Mit der folgenden Methodensammlung lassen sich geeignete Lernspiele finden, mit denen

- Sachtexte selbst erstellt (Kapitel 3.1)
- und anschließend verarbeitet werden können (Kapitel 3.2 ab Seite 37),
- Namen und Begriffe selbsttätig erarbeitet (Kapitel 3.3 ab Seite 61)
- und Zuordnungen von Namen und Begriffen effektiv geübt und vertieft werden können (Kapitel 3.4 ab Seite 76).

3.1 Sachtexte selbst erstellen

Sachtexte zu lesen ist für Schülerinnen und Schüler zuerst einmal wenig ansprechend. Wenn diese aber vom Kind zunächst selbst erstellt, in gewisser Maßen also selbst erforscht und enträtselt werden müssen, ist die Motivation enorm gesteigert. Ganz nebenher werden bei den folgenden Methoden auch noch vielfältige Leseverständnis-Strategien eingeübt (z. B. Sinnentnahme durch Erkennen sinnvoller Satzstrukturen). Die Anforderung „Lies den Text und ...“ wird so durch weitere Denkstrategien erweitert, es werden weitere Repräsentationsebenen mit einbezogen und das Lernen auf „breitere“ Füße gestellt.

1 Wortgitter

geeignet für: EA/PA

Material: Tabelle mit Wörtern

Spielverlauf: Ein kleiner Sachtext zum Thema ist, in einzelne Wörter und Satzgruppen getrennt, in einer Tabelle notiert.
Die Kinder versuchen, durch senkrechtes, waagrechtes oder diagonales Weiterrücken die Wörter sinnvoll aneinanderzureihen, dadurch den Text zu erlesen und aufzuschreiben.
Jedes fett markierte Wort bedeutet einen neuen Satzanfang.
Achtung: Es können durchaus auch Wörter vorkommen, die nicht im gesuchten Sachtext verwendet werden.

Arbeitsanweisung: In der Tabelle versteckt sich ein Lesetext über *(Thema einfügen).*
Beginne bei Start und versuche durch waagrechtes (↔), senkrechtes (↕) oder diagonales (⤢⤡) Weiterrücken den Text zu erlesen. Schreibe den Text in dein Heft.
Achtung: Jedes fett geschriebene Wort bedeutet einen neuen Satzanfang.

Beispiel:

Start ↓ (über der zweiten Spalte)

Millionen	**Vor vielen**	die Erde.	(Meeres-saurier)	und in der Luft.	(Flugsaurier).
Jahren	Dinosaurier	**Sie lebten**	im Wasser	„Dinosaurier“	**Das Wort**
und auch	beherrschten die	auf dem Lande,	bedeutet	„schreckliche Echsen“.	**Die ersten**
Iguanodon.	dieses Tier	Mantell in	Fossilien-sammlers	Arztes und	Dinosaurier-zähne
Apfel-baum	nannte	**Ihr Mann**	England.	fand die	Ehefrau des

Ende ← (links neben der vierten Zeile)

Lösung: Vor vielen Millionen Jahren beherrschten die Dinosaurier die Erde. Sie lebten auf dem Lande, im Wasser (Meeressaurier) und in der Luft (Flugsaurier).
Das Wort „Dinosaurier“ bedeutet „schreckliche Echsen“.
Die ersten Dinosaurierzähne fand die Ehefrau des Arztes und Fossiliensammlers Mantell in England. Ihr Mann nannte dieses Tier Iguanodon.
(Die Worte „und auch“ links in der Mitte und „Apfelbaum“ links unten dienen als Lückenfüller.)

Hinweis zur Herstellung: Es gibt verschiedene Möglichkeiten, eine Texttabelle mit Text zu füllen. Je nach Tabellengröße verändert sich die Abfolge der Textteile. Für eine durchschnittlich große Tabelle bietet sich das unten abgebildete Schema an, um den Zeitaufwand bei der Vorbereitung gering zu halten.
Verteilung der Textteile (1 bedeutet: erster Teil des ersten Satzes, 2 bedeutet: zweiter Teil des ersten Satzes, usw.)

Start ↓ (über der zweiten Spalte)

2	1	6	10	11	12
3	5	7	9	14	13
30	4	8	15	16	17
29	27	23	22	21	18
28	26	25	24	19	20

Ende ← (links neben der dritten Zeile)

2 Mit den Augen verbinden

geeignet für: EA

Material: einzelne Wörter oder Satzgruppen, durch Linien verbunden.

Spielverlauf: Jede Linie verbindet zwei Wörter oder Satzgruppen miteinander. Diese, der Reihe nach aufgeschrieben, ergeben einen Satz. Mehrere dieser Sätze hintereinander ergeben einen Sachtext. Im Beispiel sind verschiedene Möglichkeiten der „Verbindung" gezeigt, entweder nur als Linie (links) oder als Pfeil (rechts). Schwieriger wird die Variante auf S. 69.

Arbeitsanweisung: Verfolge mit den Augen alle Wörter der Reihe nach und schreibe den entstandenen Satz auf. So entsteht nach und nach der Sachtext *(Überschrift einfügen).*

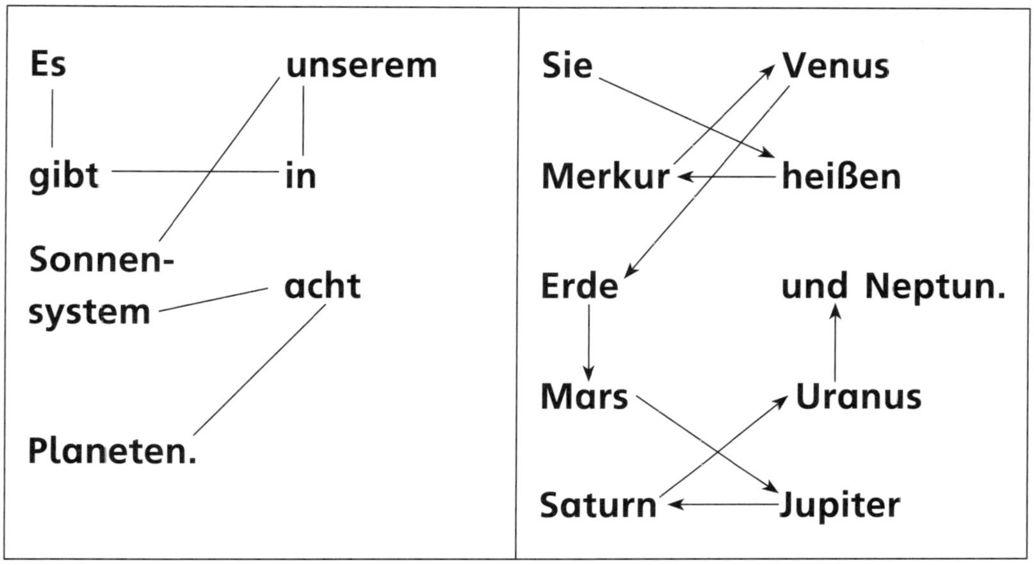

Lösung: Es gibt in unserem Sonnensystem acht Planeten. Sie heißen Merkur, Venus, Erde, Mars, Jupiter, Saturn, Uranus und Neptun.

3 Puzzle – Spiele

geeignet für: EA

Material: Sachtext, in ein Puzzle zerschnitten

Spielverlauf: Alle Sachtexte lassen sich auf einfache Weise in ein Puzzle verwandeln, indem das Textblatt puzzleartig zerschnitten wird. Diese Puzzleteile sollen die Schülerinnen und Schüler wieder sinnvoll zusammensetzen. Die Schnittstellen lassen sich je nach Schwierigkeitsgrad quer durch den Text, nach Sinnabschnitten oder nach sinnvollen Anschlüssen (s. Beispiel 1) setzen. Dabei müssen die Wörter und Sätze aufmerksam gelesen werden, um die richtigen Anschlüsse zu finden.
Der Text kann auch in einzelnen Rahmen versteckt sein (s. Beispiel 2). Diese müssen sinnvoll zusammengesetzt werden.

Arbeitsanweisung: Setze die Puzzleteile sinnvoll zusammen. Dadurch entsteht ein Sachtext zum Thema *(Thema einfügen)*. Schreibe den Text in dein Heft und lies ihn genau durch.

Beispiel: Beispiel 1 (hier noch in der richtigen Reihenfolge belassen, als Puzzle für die Schülerinnen und Schüler müssen die Satzstreifen noch vermischt werden):

Unsere Sonne

Die Sonne ist ein glühender Stern. Durch Atomenergie setzt sie riesige Mengen
an Energie frei. Im Inneren der Sonne ist es ca.15 Millionen
Grad Celsius heiß, an der Oberfläche kühlt die Sonne auf ca. 5000 Grad ab. Das
ist immer noch heiß genug, um ausreichend Licht und
Wärme zur Erde zu senden. Unsere Sonne ist rund 150 Millionen Kilometer von
der Erde entfernt. Die Sonnenstrahlen, die sich mit Lichtgeschwindigkeit
bewegen (300.000 Kilometer pro Sekunde), legen diese Entfernung in 8,5
Minuten zurück. Ein Auto (150 km/Stunde) bräuchte für diese Strecke 114 Jahre
und eine Rakete (3000 km/Std.) immerhin noch 6 Jahre.

Beispiel 2: Sprichwörter zum Thema „Hund“

muss noch lange	**Wer**	**Hund gekommen sein**	**einen Hund hat,**	**nicht auf den**

Lösung: Wer einen Hund hat, muss noch lange nicht auf den Hund gekommen sein

Variante: Variante mit Bewegung:
Die Puzzleteile sind so im Klassenzimmer versteckt, dass man sie offen sehen kann (z. B. in der Topfblume, unter der Heizung, …).

Spielverlauf: Die Kinder suchen jeweils einen Satz, merken sich diesen und schreiben ihn am Platz auf, suchen den nächsten Satz usw. Wenn sie alle Sätze gefunden haben, versuchen sie, aus diesen einen sinnvollen Text zu basteln.

4 Selbstlautlos

geeignet für: EA/PA

Material: kleine Texte zum Thema, ohne Selbstlaute

Spielverlauf: Die Kinder bekommen einen kleinen Infotext zum Thema. Dabei sind alle Selbstlaute ausgelassen worden und durch Striche ersetzt worden.
Die Kinder versuchen nun, den selbstlautlosen Text zu entziffern und richtig aufzuschreiben.

Arbeitsanweisung: Vor dir liegt ein Sachtext zum Thema *(Thema einfügen)*. Der Text ist schwer zu lesen, denn in jedem Wort sind die Selbstlaute (Vokale) vergessen worden. Dort, wo ein Selbstlaut fehlt, ist stattdessen ein Strich. Versuche den Text trotzdem zu entziffern und richtig in dein Heft aufzuschreiben.

Beispiel: D_s _rdm_tt_l_lt_r w_r d__ Z__t, _n d_r d__ m__st_n D_n_s__r__r l_bt_n.

Lösung: Das Erdmittelalter war die Zeit, in der die meisten Dinosaurier lebten.

Variante: **Vokale vertauschen**

geeignet für: EA

Material: veränderter Sachtext

Spielverlauf: Nach dem Vorbild „O unberachenbere Schreibmischane" von Josef Guggenmoos werden in dem Text die Vokale vertauscht. Dabei kann die Vertauschung innerhalb eines Wortes (unberechenbare → unberachenbere) oder zwischen zwei Wörtern (ganz nach Vergnügen → günz nach Vergnagen) auftauchen. Achtung: um ein Mindestmaß an Wortverständnis zu bewahren, werden nicht alle Vokale vertauscht (z. B. Schreibmischane → das „ei" bleibt unverändert)

Arbeitsanweisung: Vor dir liegt ein Sachtext zum Thema *(Thema einfügen)*. Der Text ist schwer zu lesen, denn in jedem Wort sind die Selbstlaute (Vokale) vertauscht worden. Versuche den Text trotzdem zu entziffern und richtig in dein Heft aufzuschreiben.

Beispiel: Das Irdmattelelter war dei Ziet, in der dei mestien Donisieraur lebten.

Lösung: Das Erdmittelalter war die Zeit, in der die meisten Dinosaurier lebten.

5 Kaspersätze

geeignet für: EA/PA

Material: veränderter Sachtext

Spielverlauf: Ein Sachtext wird interessanter, wenn ...
- ... er in Spiralform aufgeschrieben wird und von außen nach innen gelesen werden muss
- ... die Wortgrenzen verschoben sind
  (Ders chnel leH aseist ... ➔ Der schnelle Hase ist ...)
- ... die Wörter ohne Abstand geschrieben sind (DerschnelleHaseist ...)
- ... die Wörter des Textes völlig durcheinander geraten sind (Bsp.: stammt Wolf der Hund ab vom ➔ Der Hund stammt vom Wolf ab)

Die Schüler sollen den Text richtig erlesen und aufschreiben.

Arbeits-anweisung: Hier siehst du einen Sachtext zum Thema *(Thema einfügen)*. Der Text sieht komisch aus, denn alle Wörter sind *(je nach Veränderung beschreiben)*. Versuche den Text zu entziffern und ihn richtig in dein Heft zu schreiben.

Hinweis zur Herstellung: Inzwischen gibt es tolle Softwareprogramme, die solche Textveränderungen blitzschnell bewerkstelligen, erhältlich z. B. über www.zarb.de

6 Wortsalat

geeignet für: EA/PA

Material: mehrere Briefumschläge mit den Zahlen 1, 2, 3, ... darauf, in jedem Briefumschlag verschiedene Zettel mit je einem Wort, die zusammen einen Satz ergeben

Spielverlauf: Aus den Zetteln des Briefumschlages mit der Nummer 1 soll ein sinnvoller Satz gebildet und aufgeschrieben werden. Danach nehmen die Schülerinnen und Schüler den Briefumschlag mit der Nummer 2 und bilden aus diesen Wörtern den zweiten Satz. So entsteht nach und nach der Sachtext.

Arbeits-anweisung: In jedem Briefumschlag steckt ein Satz zum Thema *(Thema einfügen)*.
Aber: Die Wörter in jedem Umschlag musst du erst in eine sinnvolle Reihenfolge bringen, sodass sich der Satz gut anhört.
Nimm den Briefumschlag mit der Nummer 1, ordne die Wörter und schreibe den Satz in dein Heft. Nimm anschließend den Umschlag mit der Nummer 2, ordne diese Wörter ebenfalls und schreibe den Satz auf, nimm dann den Umschlag mit der Nummer 3 usw.
Am Ende steht in deinem Heft der komplette Text.

7 Satz-Bausteine

geeignet für: EA

Material: Sachtext in Tabellenform, in einzelne Stücke zerschnitten

Spielverlauf: Der einzelnen Satz-Bausteine müssen so zusammengefügt werden, dass ein sinnvoller Text entsteht. Dieser Text wird von den Schülerinnen und Schülern ins Heft geschrieben. Um das Spiel einfacher zu gestalten, ist das erste Wort des Textes fett gedruckt.

Arbeitsanweisung: Schneide die Satz-Bausteine aus und sortiere sie so, dass – von links nach rechts gelesen – ein sinnvoller Sachtext zum Thema *(Thema einfügen)* entsteht. Schreibe den Text in dein Heft ab.

Beispiel:

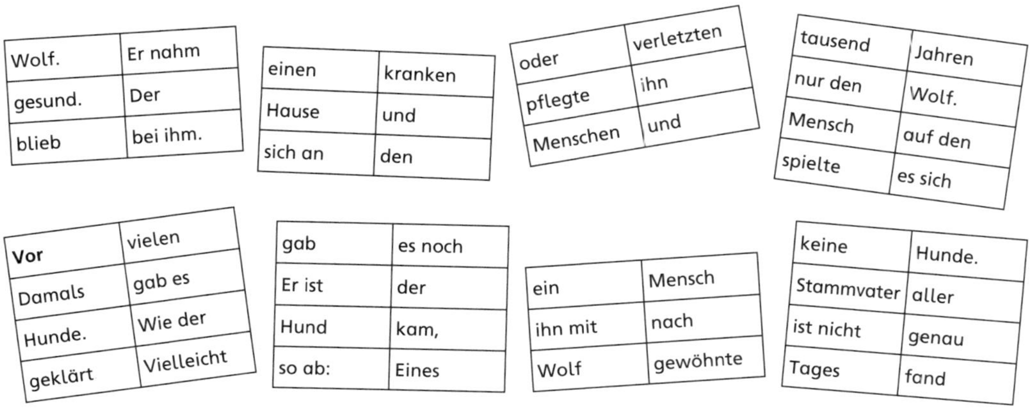

Lösung:

Vor	vielen	tausend	Jahren	gab	es noch	keine	Hunde.
Damals	gab es	nur den	Wolf.	Er ist	der	Stammvater	aller
Hunde.	Wie der	Mensch	auf den	Hund	kam,	ist nicht	genau
geklärt.	Vielleicht	spielte	es sich	so ab:	Eines	Tages	fand
ein	Mensch	einen	kranken	oder	verletzten	Wolf.	Er nahm
ihn mit	nach	Hause	und	pflegte	ihn	gesund.	Der
Wolf	gewöhnte	sich an	den	Menschen	und	blieb	bei ihm.

Hinweis zur Herstellung: Sachtext in Tabelle schreiben (1–2 Wörter pro Zelle).
Tabelle ausdrucken, gewünschte Linien mit einem dicken Stift nachfahren, die Tabelle folieren und in einzelne Satz-Bausteine zerschneiden.

8 Großes Durcheinander

geeignet für: EA/PA

Material: Wortliste, verschiedene Schablonen

Spielverlauf: Auf einer DIN-A4-Seite stehen kreuz und quer alle Wörter des Sachtextes durcheinander. Mithilfe verschiedener Schablonen entziffern die Schüler die einzelnen Sätze. Durch die ausgeschnittenen Fenster der Schablonen sieht man nur die Wörter, die zum jeweiligen Satz des Sachtextes gehören.
Zuerst legen die Schülerinnen und Schüler also die Schablone 1 auf die Wörterliste und bilden aus den sichtbaren Wörtern einen sinnvollen Satz. Das ist der erste Satz des Sachtextes. Nun nehmen sie Schablone 2, um den zweiten Satz zu entziffern usw.

Arbeitsanweisung: Auf der Wörterliste steht ein Sachtext zum Thema *(Thema einfügen)*. Aber: Alle Wörter sind völlig durcheinander geraten.
Lege zuerst die Schablone 1 auf die Wörterliste. Aus den Wörtern, die du jetzt siehst, versuchst du, einen sinnvollen Satz zu bilden. Dies ist der erste Satz deines Textes.
Nun entzifferst du mit Schablone 2 den zweiten Satz und mit Schablone 3 den dritten Satz usw. So entsteht Stück für Stück der gesuchte Text. Schreibe ihn komplett in dein Heft.

Beispiel:

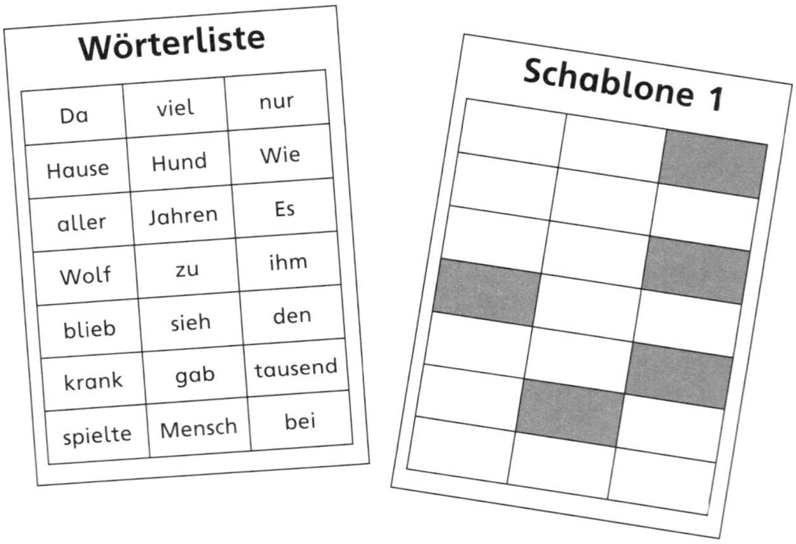

Hinweis zur Herstellung: Die dunklen Felder der Schablone 1 sind ausgeschnitten. Dadurch sind beim Übereinanderlegen von Schablone 1 auf die Wörterliste nur noch die Wörter „nur, Es, den, gab, Wolf" zu sehen. Daraus lässt sich der Satz „Es gab nur den Wolf" bilden. (Satz entnommen aus dem Beispieltext von Methode Nr. 7).
Der Sachtext wird am besten in Form einer Tabelle angelegt. In jeder Zelle stehen 1 bis 2 Wörter. Für die Schablonen wird dann dieselbe Tabelle verwendet, nur dieses Mal ohne Wörter. Für die Schablone 1 werden nun alle Zellen der Tabelle ausgeschnitten, die für die Wörter des ersten Satzes notwendig sind. Für die Schablone 2 alle Zellen, die für den zweiten Satz nötig sind usw.
Bei der Herstellung werden zuerst alle grauen Felder der Schablonen ausgeschnitten (siehe Kopiervorlage 9). Nacheinander werden sie auf die Wörterliste gelegt und mit Bleistift markiert, wo welche Wörter des gewünschten Satzes stehen sollen. Danach wird die Wörterliste entsprechend gefüllt und die Bleistiftmarkierung entfernt.
Bei Bedarf muss in Kopiervorlage 9 noch eine weitere Schablone erstellt werden.

3.2 Mit Sachtexten arbeiten

Sachtexte können auf vielfältige Art und Weise verarbeitet werden. Grundsätzlich bieten sich drei Möglichkeiten an:

- Verarbeitung durch Frage-Antwort-Spiele (siehe Kapitel 3.2.1)
- Methoden, mit denen die wichtigsten Informationen des Textes in einer Zusammenfassung gebündelt werden (siehe Kapitel 3.2.2 ab S. 51)
- Methoden, die einzelne Stichwörter und Schlüsselbegriffe des Textes verarbeiten (siehe Kapitel 3.2.3 ab S. 56)

3.2.1 Verarbeitung durch Frage-Antwort-Spiele

Die Aufforderung, nach dem Lesen eines Textes verschiedene Fragen zu beantworten, löst bei den Schülerinnen und Schülern meistens kollektives Gähnen hervor. Durch einfache Veränderung der Aufgabenstellung lässt sich das Grundprinzip „Fragen zum Text beantworten" methodisch aber verfeinern und für Schüler ansprechender gestalten. Allein schon dadurch, dass die Fragen zum Text in ein Brettspiel integriert werden, ist die Motivation der Kinder größer. Ein Kreuzworträtsel zum gelesenen Text zu lösen ist motivierender und erfüllt gleichzeitig den Zweck, dass die Inhalte des Textes noch einmal wiederholt und verarbeitet werden.
Der Aufwand der vorgestellten Methoden ist nicht sehr hoch, der kognitive Nutzen für die Schülerinnen und Schüler wird aber um ein Vielfaches gesteigert.

9 Bilder aus Punkten

geeignet für: EA/PA

Material: Blatt mit Fragen zum Thema, Blatt mit Bildpunkten

Spielverlauf: Die Fragen auf dem Frageblatt werden beantwortet. Je nach Antwort werden entsprechende Bildpunkte in der Reihenfolge der zugeordneten Lösungszahlen verbunden. Am Schluss entsteht so ein (möglichst zum Thema passendes) Lösungsbild.

Arbeitsanweisung: Mit diesem Spiel kannst du überprüfen, ob du den Text *(Überschrift des Textes einfügen)* verstanden hast.
Auf dem Blatt stehen Fragen zum Text und jeweils zwei Antworten dazu (bzw. „Stimmt!" oder „Stimmt nicht!"). Nur eine Antwort ist richtig. Streiche diese an.
Bei der angestrichenen Antwort stehen verschiedene Zahlenfolgen. Verbinde auf dem Punkteblatt diese Zahlen durch Striche miteinander. Wenn du alles richtig gemacht hast, entsteht am Ende ein passendes Bild zum Thema *(hier einfügen, welches Bild entsteht).*

Beispiel: Thema Kometen
Frageblatt:

Fragen zum Text	**Stimmt!**	**Stimmt nicht!**
1. Kometen galten früher als Unglücksboten	1 – 3 – 5	22 – 12 – 23
2. Kometen nennt man auch Haarsterne	12 – 2 – 8	23 – 29
3. Kometen werden benannt nach dem griechischen Wort „coma" für Haar	20 – 13 – 17	10 – 9 – 18
4. Kometen haben immer einen Schweif	21 – 20 – 5	5 – 13 – 17
5. In Sonnennähe verdampfen die gefrorenen Gase	17 – 6	18 – 28 – 15
6. Kometen werden auch als „schmutzige Schneebälle" bezeichnet	18 – 14 – 19	26 – 16 – 25
7. Kometen brechen immer in Sonnennähe auseinander	25 – 8 – 29	6 – 15 – 10
8. Der Kometenschweif ist grundsätzlich zur Sonne gewandt	2 – 30 – 5	1 – 4 – 12
9. Der Kometenschweif kann bis zu 300 Millionen Kilometer lang werden	8 – 7 – 16	5 – 3 – 21
10. Kometen bestehen aus Staub, Geröll, Eisen und gefrorenen Gasen	16 – 11 – 19	9 – 25 – 30

Lösungsbild: Wenn du die richtigen Zahlenfolgen im unteren Bild miteinander verbindest, entsteht ein Gegenstand, der viel mit dem Weltraum zu tun hat.

Lösung: ➔ Rakete (s. S. 39)

Variante: In den Spalten „Stimmt?", „Stimmt nicht?" stehen nur einzelne Buchstaben. Die richtigen Buchstaben in der Reihenfolge von oben nach unten gelesen ergeben ein Lösungswort.

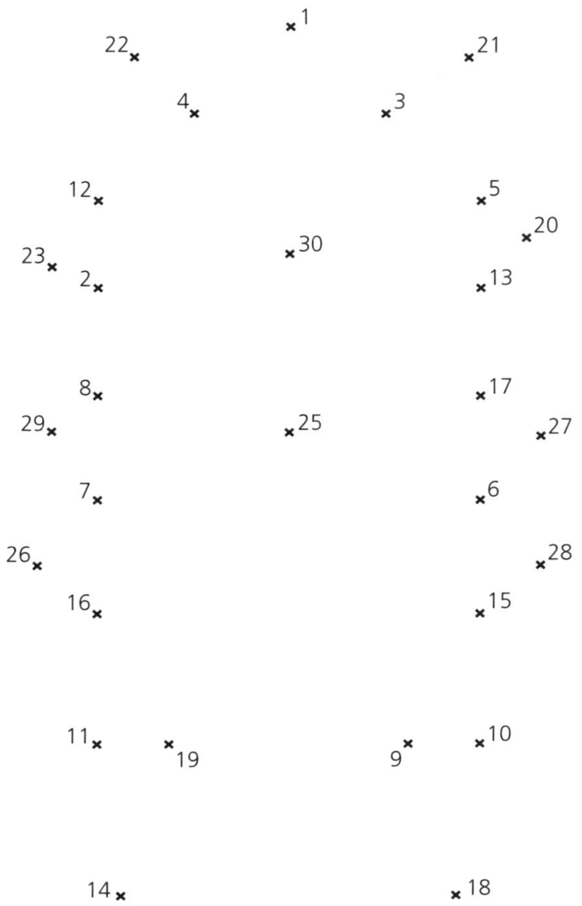

Lösung: Rakete

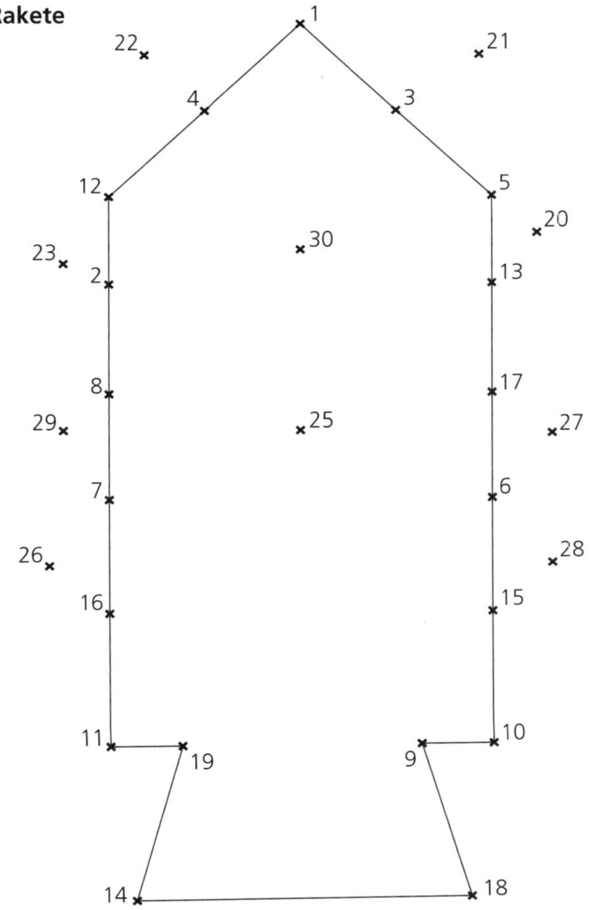

10 Ausmalbilder

geeignet für: EA/PA

Material: Frageblatt, Bild zum Ausmalen

Spielverlauf: Analog zum Spiel „Bilder aus Punkten“ werden hier Fragen beantwortet. Je nach Anweisung werden dann bestimmte Felder eines Bildes ausgemalt. Als Lösung entsteht ein fertiges (zum Thema passendes) Bild.

Arbeitsanweisung: Mit diesem Spiel kannst du feststellen, ob du den Text *(Überschrift des Textes einfügen)* verstanden hast.
Auf dem Blatt stehen Fragen zum Text und jeweils zwei Antworten dazu. Aber nur eine ist richtig. Kreuze die richtige Antwort an.
Hinter jeder Antwort steht eine Zahl. Male diese Zahl auf dem Ausmalbild an.
Wenn du alles richtig gemacht hast, entsteht ein passendes Bild zum Thema *(Thema einfügen).*

Beispiel: Siehe Illustration bei Methode Nr. 9, anstelle der Zahlenfolgen aber nur eine Zahl, die dann im Bild (siehe unten) angemalt werden soll.

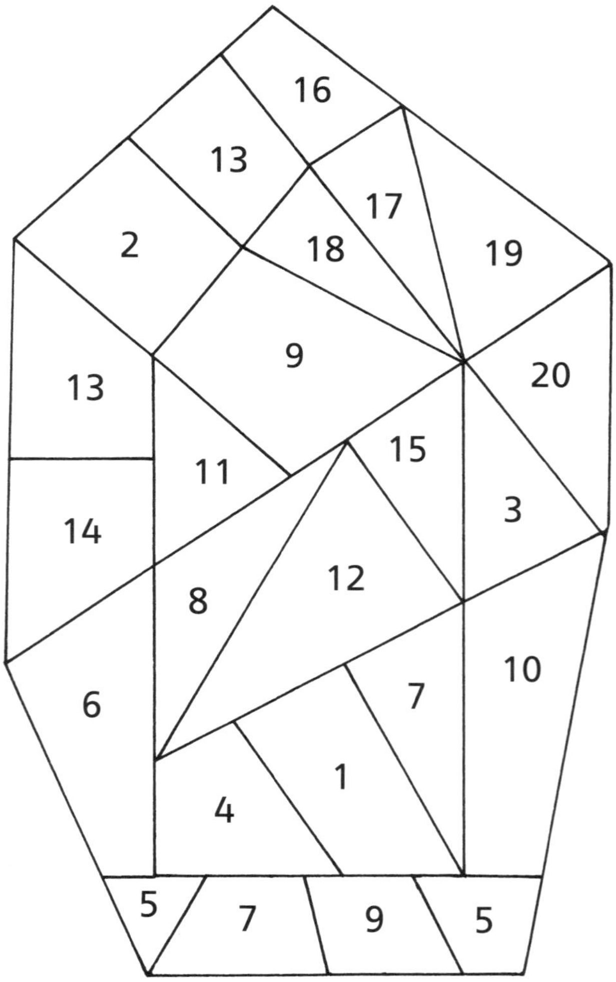

Hinweis: Hier sind die Felder 1, 4, 7, 8, 9, 11, 12, 15 und 18 (manchmal auch mehrmals) auszumalen, dann entsteht dieselbe Rakete wie im obigen Beispiel.

11 Kartenkönig

geeignet für: PA/GA

Material: Karten mit Fragen zum Thema

Spielverlauf: Die Karten werden an einer Pinnwand aufgehängt. Jeder Spieler sucht sich nun der Reihe nach eine Karte aus, dreht sie um und versucht sie zu beantworten. Bei richtiger Antwort darf das Kind die Karte behalten. Das Spiel endet, wenn alle Fragen beantwortet sind. Gewonnen hat, wer die meisten Karten besitzt und damit Kartenkönig ist.
Für die nächste Gruppe werden die Karten wieder aufgehängt.

Arbeitsanweisung: Auf den Karten stehen Fragen zum Sachtext *(Überschrift des Textes einfügen).* Suche dir einen Partner oder mehrere Mitspieler und beantwortet abwechselnd eine Frage nach der anderen. Wer eine Frage richtig beantwortet, darf diese Karte behalten. Gewonnen hat, wer am Ende die meisten Karten besitzt.
Vergesst am Ende nicht, die Karten für die nächste Gruppe wieder aufzuhängen.

Beispiel:

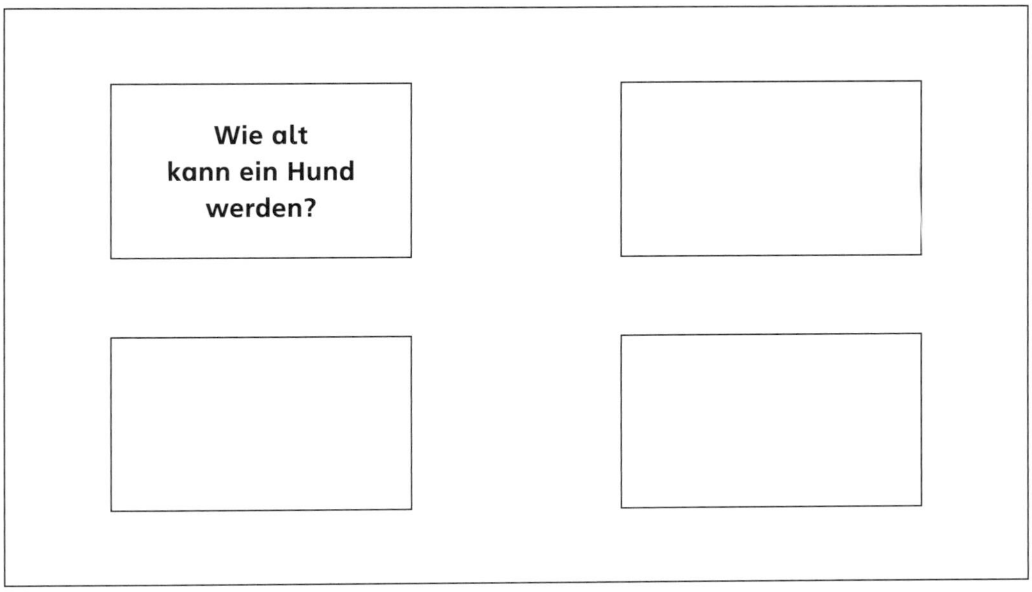

12 Silbenrätsel

geeignet für: EA/PA

Material: Fragen zum Thema, Antworten in Silben aufgeteilt

Spielverlauf: Auf einem Blatt werden Fragen zum Thema gestellt. Die Antworten werden erleichtert durch die Vorgabe eines Silben-Pools, aus dem die richtigen Wörter herausgesucht werden. Sind alle Silben sinnvoll verwendet, dann hat der Spieler alles richtig gemacht.

Arbeitsanweisung: Mit diesem Spiel kannst du überprüfen, ob du den Text *(Überschrift des Textes einfügen)* verstanden hast.
Auf dem Blatt stehen Fragen zum Text. Versuche die Fragen zu beantworten. Die Silben helfen dir dabei. Wenn du alle Silben für deine Antworten verwendet hast, dann sind alle Antworten richtig.

13 Fußball – Quiz

geeignet für: PA

Material: Frage- und Ereigniskarten, unten abgebildeter Spielplan mit Spielfigur, Lösungsblatt mit Antworten

Spielverlauf: Eine Spielfigur steht in der Mitte (= der Ball). Abwechselnd ziehen die zwei Spieler Fragekarten, beantworten diese und dürfen – bei richtiger Antwort – mit der Spielfigur in Richtung gegnerisches Tor ziehen. So wogt das Spiel hin und her, bis einer der Spieler ein paar Fragen einmal nicht beantworten kann und der Gegenspieler ein Tor schießt (= im Feld mit dem Tor landet).
Werden noch einige Ereigniskarten unter den Fragenstapel gemischt, wird das Spiel noch spannender (z. B. „Du hast ein Foul gespielt: Der andere darf zwei Fragekarten ziehen" oder „Elfmeter: Stelle die Figur vor das Tor und ziehe eine Fragekarte" usw.)

Arbeitsanweisung: Mit diesem Spiel kannst du nachprüfen, ob du den Text *(Überschrift des Textes einfügen)* verstanden hast.
Stellt eure Spielfigur in die Mitte des Spielplans. Das ist der Ball.
Abwechselnd zieht ihr eine Karte vom Stapel. Wenn es eine Fragekarte ist, wird sie beantwortet. Bei richtiger Antwort darfst du den Ball in Richtung gegnerisches Tor ziehen, bei falscher Antwort wandert der Ball zum eigenen Tor. Ein Tor wird erzielt, wenn der Ball auf das Torfeld gelangt.
Dann wird der Ball wieder in die Mitte gelegt und das Spiel geht weiter. Zieht ein Spieler eine Ereigniskarte, wird das ausgeführt, was dort steht.

Hinweis: Ein geeigneter Spielplan ist Kopiervorlage 10 am Ende des Buches.

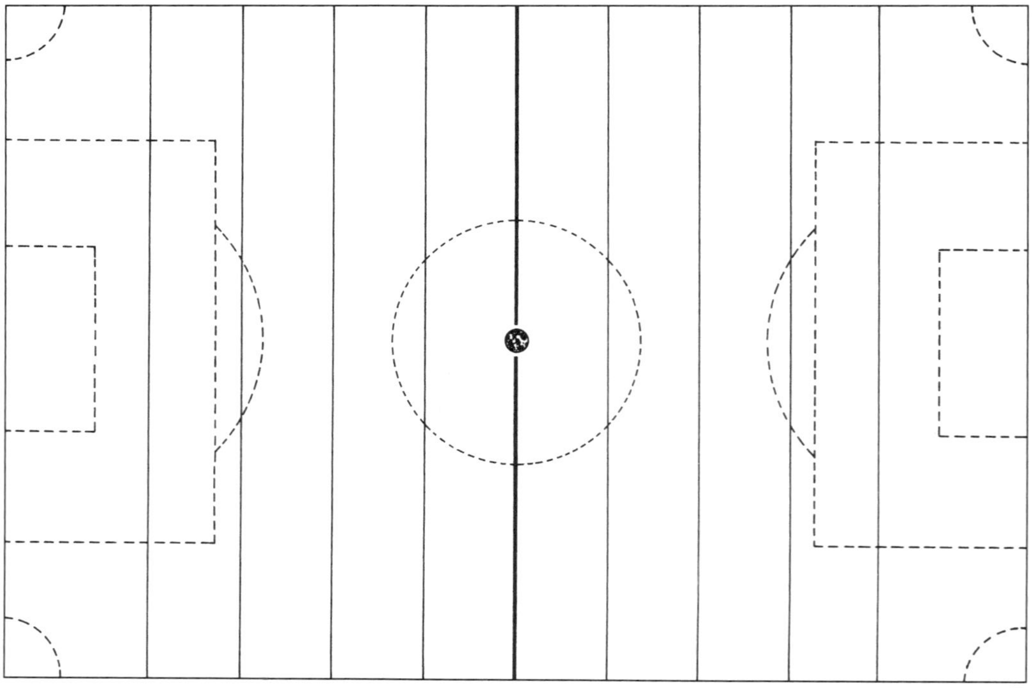

14 Klassisches Kreuzworträtsel

geeignet für: EA/PA

Material: Kreuzworträtsel, Vorlage mit Fragen

Spielverlauf: Die Lösungswörter vorgegebener Fragen werden in ein Gitter eingetragen.
Einfache Kreuzworträtsel bestehen nur aus einzelnen senkrechten und waagrechten „Armen“, schwierigere Rätsel sind in Quadratform angelegt (hier sind Leerstellen durch schwarze Kästchen markiert). Für schulische Zwecke sind aber die einfachen Kreuzworträtsel besser geeignet (sie sind vor allem leichter selbst herzustellen).
Die gesuchten Wörter im Kreuzworträtsel können auch durch Bilder oder Wortergänzungen (Wie heißt der fehlende Wortteil: Schäfer... ? ...hund) vorgegeben werden.
Sinnvoll ist es, wenn durch die Wörter im Kreuzworträtsel ein Lösungswort entsteht.

Arbeitsanweisung: Mit diesem Spiel kannst du überprüfen, ob du den Text *(Überschrift des Textes einfügen)* verstanden hast. Beantworte die Fragen auf dem Blatt. Die Antwort von Frage 1 passt in die Kästchen mit der Nummer 1. Schreibe sie dort hinein. Wenn alle Antworten richtig sind, ergibt sich durch die Buchstaben in den grauen Kästchen ein neues Lösungswort. Achtung, die Lösungsbuchstaben müssen zuerst in die richtige Reihenfolge gebracht werden

Beispiel:

Fragen zum Kreuzworträtsel:

Waagrecht
3 Brennende Gaskugeln am Himmel heißen ...
5 Ein Himmelskörper, der in Sonnennähe einen Schweif ausbildet, heißt ...
6 Himmelskörper, die um einen Stern kreisen, heißen ...
8 Ein Planet in unserem Sonnensystemmit einem großen Ring
9 Viele Sterne zusammen bilden eine ...

Senkrecht
1 Große Steinbrocken, die in der Erdatmosphäre nicht vollständig verglühen und manchmal auf der Erdoberfläche aufschlagen, heißen ...
2 Der Planet, der der Sonne am nächsten ist, heißt ...
4 Der Gürtel direkt außerhalb der Planetenbahnen, in dem viele Kometenkerne sind.
7 Die Himmelskörper, die zu Tausenden zwischen der Mars- und Jupiterbahn umherschwirren, heißen ...
8 Ein anderes Wort für Meteor ist ...

Lösung:

Thema Weltraum
Waagrecht: 3 Sterne 5 Komet 6 Planeten 8 Saturn 9 Galaxie
Senkrecht: 1 Meteorite 2 Merkur 4 Kuipergürtel 7 Asteroiden 8 Sternschnuppe

Das Lösungswort aus den dick umrandeten Buchstabenfeldern des ausgefüllten Kreuzworträtsels nennt den Namen des Planeten, der am weitesten von unserer Sonne entfernt ist. (➔ Neptun)

Hinweis zur Herstellung:

a) Geeignete Wörter waagrecht und senkrecht (in Kreuzform) auf Karopapier schreiben (pro Buchstabe 2x2 Karos, d. h. 1 cm^2)
b) Kreuzwortgitter um die Wörter herum anlegen
c) Mithilfe der Tabellenfunktion und dem Radiergummi im Computer das entsprechende Kreuzwortgitter ohne Wörter anlegen
d) Fragen zu den Lösungswörtern aufschreiben und nummerieren (oder Bilder malen)
e) Die Nummern der Fragen zum entsprechenden Kreuzwortarm schreiben.

Heutzutage gibt es auch die Möglichkeit, Kreuzworträtsel mithilfe einer Sofware zu erstellen (z. B. www.zarb.de).

15 Angestiftet

geeignet für: PA

Material: große Fragekarten (DIN A4, mit 1 – … nummeriert), entsprechende Antwortkarten (ebenfalls DIN A4), Stifte

Spielverlauf: Die Frage- und Antwortkarten liegen kreuz und quer auf dem Gang verteilt.
Zwei Kinder nehmen zusammen einen Stift so zwischen ihre Zeigefinger, dass er nicht herunterfällt. Sie müssen also beide ein wenig Druck auf den Stift ausüben bzw. etwas nachgeben, wenn der Druck zu groß wird.
In dieser Weise miteinander verbunden, gehen nun beide zur ersten Fragekarte (Nummer 1), lesen diese und wandern dann – ohne dass der Stift herunterfällt – zur entsprechenden Antwortkarte. So geht es weiter zur zweiten Fragekarte und zur zweiten Antwortkarte usw.
Welches Paar schafft alle Frage- und Antwortkarten, ohne dass der Stift „stiften" geht?

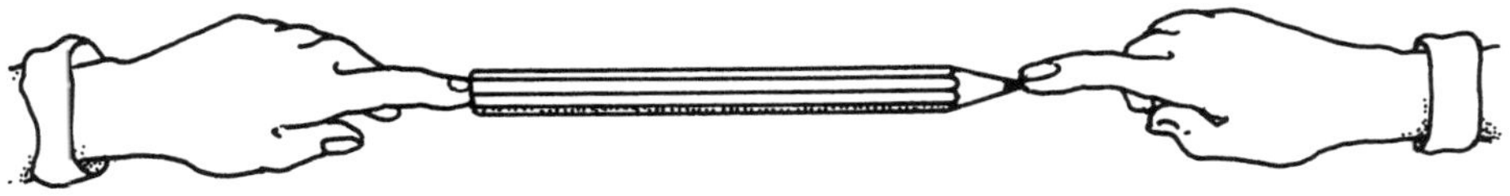

Arbeitsanweisung: Mit diesem Spiel kannst du überprüfen, ob du den Text *(Überschrift des Textes einfügen)* verstanden hast.
Auf dem Gang liegen durcheinander Frage- und Antwortkarten, die jeweils nummeriert sind.
Nimm mit deinem Partner zusammen einen Stift so zwischen die Zeigefinger, dass er nicht herunterfällt und wandert gemeinsam zur Fragekarte Nummer 1. Diese lest ihr durch und sucht, wieder gemeinsam und ohne dass der Stift herunterfällt, die entsprechende Antwortkarte. Danach wandert ihr zur Fragekarte Nummer 2, lest sie durch und geht zur richtigen Antwortkarte.
Für jede erreichte Antwort gibt es 5 Pluspunkte, wenn euch der Stift herunterfällt, gibt es einen Minuspunkt. Wie viele Punkte habt ihr am Ende gewonnen?

16 Fadenspiel

geeignet für: EA/ev. PA

Material: Schnüre, über zwei große Rundhaken an der Decke verlaufend, Fragekarten, Belohnungen

Spielverlauf: Über zwei Rundhaken an der Decke verlaufen viele Schnüre. An jeder Schnur hängt auf der einen Seite entweder eine Fragekarte oder ein Päckchen mit einer kleinen Belohnung. Diese Enden der Schnüre liegen alle verdeckt in einer Kiste.
Jedes Kind darf nun vom Startplatz aus nacheinander an 1 bis 3 Schnüren ziehen und muss entweder die Fragen beantworten oder darf die Belohnung einstecken.

Arbeitsanweisung: Mit diesem Spiel kannst du überprüfen, ob du den Text *(Überschrift des Textes einfügen)* verstanden hast.
Ziehe vorsichtig dreimal an den Schnüren. Wenn eine Fragekarte erscheint, dann lies sie durch und beantworte sie. Ziehst du ein kleines Päckchen mit einer Belohnung, darfst du sie behalten.

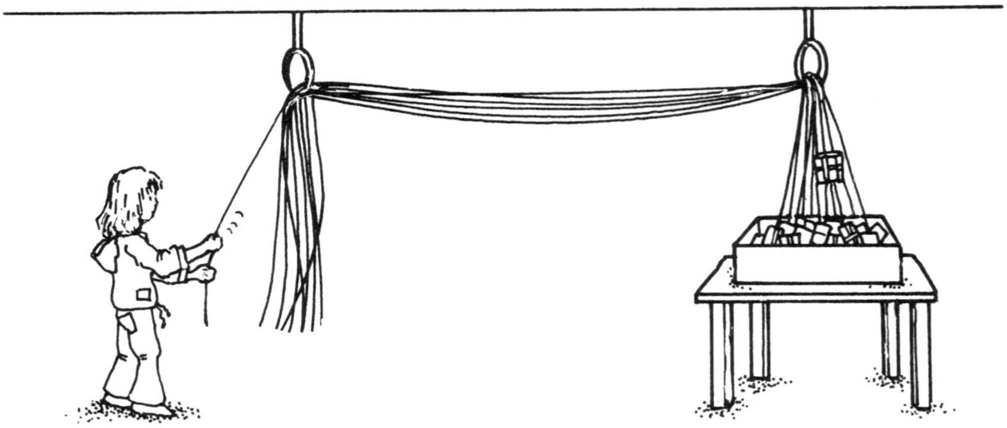

17 Ferngesteuertes Auto

geeignet für: EA

Material: Frage- und Antwortkarten zum Thema (in großer Schrift), ferngesteuertes Auto

Spielverlauf: Auf dem Gang liegen kreuz und quer verschiedene Frage- und Antwortkarten. Dabei sind die Fragekarten von 1–... durch nummeriert, die Antwortkarten bleiben ohne Nummer.
Mit einem ferngesteuerten Auto fährt eine Schülerin/ein Schüler nun zur Fragekarte Nr. 1, liest diese und fährt weiter zur entsprechenden Antwortkarte. Von dort geht es weiter zur Fragekarte Nr. 2 und zur entsprechenden Antwortkarte usw., bis alle Fragen beantwortet sind.

Arbeitsanweisung: Hier kannst du feststellen, ob du den Text *(Überschrift des Textes einfügen)* verstanden hast. Auf dem Boden verteilt liegen verschiedene Fragekarten und entsprechende Antwortkarten. Fahre mit dem ferngesteuerten Auto zur Fragekarte mit der Nummer 1 und laufe selbst hinterher. Lies die Fragekarte durch und fahre mit dem Auto zur richtigen Antwortkarte. Weiter geht es dann zur Fragekarte Nummer 2 und zur richtigen Antwortkarte usw.

18 Kegeln

geeignet für: EA

Material: 9 Kegel, Ball, 10 Fragen zum Thema auf einem Blatt, nummeriert von 0 bis 9

Spielverlauf: Auf dem Gang ist ein normales Kegelspiel mit 9 Kegeln aufgebaut.
Von einer markierten Linie aus versuchen die Schüler mit einem Ball so viele Kegel wie möglich umzuwerfen.
Je nach Anzahl der Treffer müssen sie eine bestimmte Frage eines Frageblattes beantworten.

Arbeitsanweisung: Hier kannst du überprüfen, ob du den Text *(Überschrift des Textes einfügen)* verstanden hast.
Auf dem Gang sind neun Kegel aufgebaut. Von der markierten Linie aus versuchst du, so viele Kegel wie möglich zu treffen. Je nach Anzahl der getroffenen Kegel beantwortest du eine der Fragen auf dem Blatt. Hast du z. B. drei Kegel getroffen, liest du die Frage mit der Nummer 3 durch und beantwortest diese.
Triffst du gar keine Kegel, beantwortest du die Frage Nummer 0.
Nach jedem Wurf werden die Kegel neu aufgestellt.

19 Flaschen drehen

geeignet für: GA

Material: Flasche, Fragekarten zum Thema

Spielverlauf: Auf dem Gang liegen in Kreisform verschiedene Fragekarten zum Sachtext (eventuell erweitert durch Fragekarten wie: „Ein Wort zum Thema mit „B“).
Ein Kind dreht die Flasche und muss die Frage beantworten, auf die der Flaschenhals zeigt. Nun ist der Nächste an der Reihe.

Arbeits-anweisung: Mit diesem Spiel kannst du feststellen, ob du den Text *(Überschrift des Textes einfügen)* verstanden hast.
Auf dem Gang liegen verschiedene Fragekarten. Setzt euch um die Karten herum. Einer beginnt und dreht die Flasche. Die Frage, auf die der Flaschenhals hinzeigt, muss von dem Spieler beantwortet werden. Dann dreht sein rechter Nachbar weiter.

20 Von Teppich zu Teppich

geeignet für: EA (Partner zur Kontrolle)

Material: Fragekarten zum Thema, Kontrollblatt mit sinngemäßen Antworten, Teppichfliesen

Spielverlauf: Auf dem Gang sind 10 Teppichfliesen hintereinander ausgelegt. Der Abstand zwischen den einzelnen Fliesen beträgt eine Schülerschrittlänge. Neben jeder Teppichfliese liegt eine Fragekarte. Diese muss richtig beantwortet werden, bevor das Kind auf die nächste Teppichfliese treten darf. Wer schafft es bis zur Königsfliese, der mit einer Krone versehenen Teppichfliese?

Arbeits-anweisung: Mit diesem Spiel kannst du feststellen, ob du den Text *(Überschrift des Textes einfügen)* verstanden hast.
Stelle dich auf die erste Teppichfliese und lies die daneben liegende Fragekarte durch. Wenn du sie richtig beantwortet hast (dein Partner kontrolliert), darfst du eine Teppichfliese weiter gehen. Schaffst du es bis ganz ans Ende zur Königsfliese?

21 Tunnel

geeignet für: EA

Material: Frage- und Antwortkarten zum Thema, Kriechtunnel

Spielverlauf: Auf dem Gang liegt ein Kriechtunnel (bogenförmig aufgestellte Turnmatte). Am Eingang des Tunnels nehmen die Kinder von einem Stapel eine Fragekarte, die am Ende des Tunnels den dort liegenden Antwortkarten richtig zugeordnet werden muss.

Arbeits-anweisung: Mit diesem Spiel kannst du überprüfen, ob du den Text *(Überschrift des Textes einfügen)* verstanden hast.
Nimm eine Fragekarte, krabble durch den Tunnel und ordne die Karte der richtigen Antwortkarte zu. Krabble zurück und nimm die nächste Fragekarte usw.

Gesellschaftsspiele

Gesellschaftsspiele eignen sich wunderbar für das Lernen an Stationen. Sie bestehen hier u. a. aus einem Spielplan mit zum Thema passenden Frage- und Ereigniskarten. Die Spielfiguren werden mithilfe eines Würfels auf den Feldern weiter bewegt. Wer auf ein Fragefeld kommt, muss eine Fragekarte beantworten, auf einem Ereignisfeld wird eine Ereigniskarte gezogen. Durch die Fragekarten wird das Wissen und der Lernstand der Kinder aktiviert und überprüft, durch die Ereigniskarten kommt ein Zufalls- und Glücksfaktor mit ins Spiel (z. B. „Setze einmal aus", „Gehe drei Felder weiter vor" usw.).
Dabei ist wichtig, dass den Spielern ein Antwortblatt zur Verfügung steht, auf dem sie die richtigen Antworten auf die vorhandenen Fragen überprüfen können.
Diese Spielart kann in vielfältiger Weise variiert werden.

Auch bestehende Spiele können verwendet werden. Hier sind der eigenen Fantasie keine Grenzen gesetzt. Meistens kann ein Spielplan übernommen werden, die Frage- und Ereigniskarten müssen dem jeweiligen Thema angepasst werden.
Aus den vielen Möglichkeiten sollen zwei bekanntere Spiele herausgegriffen werden:

Das große Auf und Ab

geeignet für: PA/GA

Material: Spielplan mit vielen Kreisfeldern und verschiedenen Leitern bzw. Rutschen, die aufwärts (zu einem höheren Zahlenfeld) bzw. abwärts (wieder zu einem niedrigeren Zahlenfeld führen) führen, Frage- und Ereigniskarten, Würfel, Spielfiguren

Spielverlauf: Die Spieler beginnen mit einer Spielfigur beim Startfeld und ziehen der gewürfelten Augenzahl entsprechend weiter.
Kommt ein Spieler auf ein Feld mit einer Leiter, muss er eine Frage – Karten ziehen und eine Frage zum Thema beantworten. Ist die Antwort richtig, darf der Spieler die Karte behalten und kann mit seiner Spielfigur die Leiter nach oben ziehen (bei falscher Antwort muss er drei Felder zurück).
Kommt ein Spieler aber auf ein Feld mit einer Rutschbahn, so muss er eine Ereigniskarte ziehen (hier sind besonders schwierige Fragen, Fragen mit Ratemöglichkeit oder reine Glückskarten untergebracht) und kann – bei richtiger Antwort – vermeiden, die Rutschbahn nach unten zu fahren. Wenn der Spieler Pech hat, muss er aber auf das Zahlenfeld am Ende der Rutsche zurück.
Das Spiel endet, wenn ein Spieler das Zielfeld erreicht hat. Gewonnen hat aber derjenige, der die meisten Fragekarten besitzt.

Arbeitsanweisung: Mit diesem Spiel kannst du überprüfen, ob du den Text *(Überschrift des Textes einfügen)* verstanden hast.
Dann weiter siehe Spielverlauf.

Hinweis: Ein geeigneter Spielplan ist als Kopiervorlage 11 am Ende des Buches zu finden.

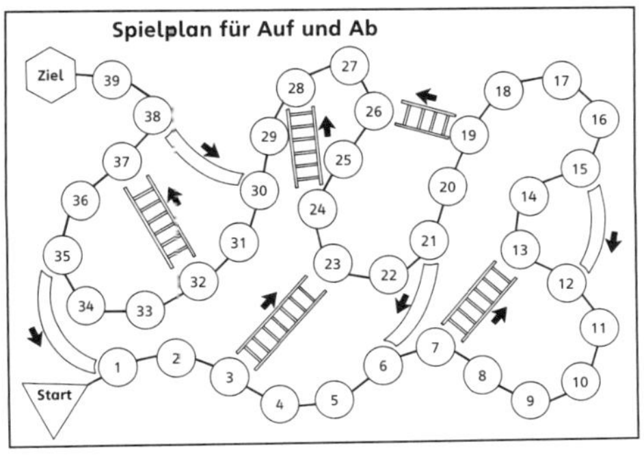

Angelspiel

geeignet für: PA/GA

Material: Angeln mit Magnet, Aquarium aus Karton oder große Dose, Fragekarten zum Thema (mit Metallringen versehen)

Spielverlauf: Die Spieler angeln der Reihe nach. Wird eine Fragekarte erwischt, muss zuerst die darauf stehende Frage richtig beantwortet werden, bevor der Spieler die Karte behalten darf. Auf jeder Fragekarte steht – je nach Schwierigkeitsgrad der Frage – eine unterschiedliche Punktzahl.
Gewonnen hat derjenige, der am Schluss die meisten Punkte hat. Zusätzlich können im Aquarium auch andere Gegenstände versteckt sein.

Arbeitsanweisung: Mit diesem Spiel kannst du feststellen, ob du den Text *(Überschrift des Textes einfügen)* verstanden hast. Dann weiter siehe Spielverlauf

Darüber hinaus können andere Spiele, die im Praxistipp „Abschluss einer Unterrichtseinheit“ (ab Seite 104) beschrieben sind, auch hier verwendet werden, insbesondere:
- Der große Preis (Seite 111)
- Das Glücksrad (Seite 114)
- Partnerinterview (Seite 112)
- Gruppenturnier (Seite 115)

3.2.2 Wichtige Informationen eines Textes zusammenfassen

Schülerinnen und Schülern fällt es erfahrungsgemäß am schwersten, aus einem gelesenen Text die wichtigsten Informationen zu erkennen und in kurzen Sätzen wiederzugeben. Die Arbeitsanweisung „Lest euch den Text durch und schreibt das Wichtigste auf" führt oftmals zu unbefriedigenden Ergebnissen. Hier werden nun einige Lernspiele vorgestellt, mit deren Hilfe Schülerinnen und Schüler die wichtigsten Aussagen eines Sachtextes erfassen und wiedergeben können. Sie suchen spielerisch nach Wörtern und Sätzen im Text und setzen diese zu einem kurz gefassten Infotext zusammen. Einerseits hat so das Kind eine Handreichung, wie ein Text zusammengefasst wird, andererseits weiß die Lehrkraft, dass die Quintessenz des Textes erfasst und aufgeschrieben worden ist.

---

23 **Pferdchensprung**

geeignet für: EA/PA

Material: Eine kleine Zusammenfassung zum gelesenen Sachtext ist, in einzelne Sinnabschnitte getrennt, in einer Tabelle notiert.

Spielverlauf: Die Kinder versuchen, im Pferdchensprung (zwei Schritte geradeaus und einer nach rechts oder links, wie beim Schachspiel) die passenden Wörter zu finden, dadurch die Zusammenfassung zu erlesen und aufzuschreiben. Sinnvoll ist es, wenn das erste Wort des Satzes immer fett markiert wird.

Arbeitsanweisung: In der Tabelle versteckt sich eine Zusammenfassung zum Lesetext *(Überschrift des Textes einfügen)*.
Beginne bei Start und versuche durch Weiterrücken im Pferdchensprung (zwei Schritte geradeaus und dann einen Schritt nach links oder nach rechts) sinnvolle Sätze zu finden. Schreibe die Sätze in dein Heft.

Beispiel: siehe Nr. 1 „Wortgitter" (S. 30), muss nur in die Pferdchensprung- Schrittfolgen verändert werden

24 Verstümmelte Telegramme

geeignet für: EA

Material: Sachtext, Suchliste

Spielverlauf: Aus dem gelesenen Sachtext sollen bestimmte Sätze herausgesucht und aufgeschrieben werden. Es sind aber jeweils nur die Anfangsbuchstaben der einzelnen Wörter angegeben. Die Kinder suchen die entsprechenden Sätze und schreiben sie auf. Diese Sätze ergeben eine sinnvolle Zusammenfassung des Textes.

Arbeitsanweisung: Mithilfe dieses Spieles kannst du die wichtigsten Sätze des Textes *(Überschrift des Textes einfügen)* finden und aufschreiben.
Von jedem Satz, den du finden sollst, sind die Anfangsbuchstaben aller Wörter vorgegeben. Suche im Text nach dem Satz, der zu diesen Buchstaben passt und schreibe ihn auf. Suche dann den nächsten Satz.

Beispiel: Ausschnitt aus einem Lesetext „Die Entdeckung der Dinosaurier":
Die Dinosaurier waren Reptilien, die zur Gruppe der vierbeinigen Wirbeltiere zählten. Sie lebten auf dem Land, im Wasser und in der Luft. Es gab zahlreiche Arten, die zu unterschiedlichen Zeiten lebten.

Ausschnitt aus dem passenden Aufgabenblatt:
S – l – a – d – L – i – W – u – i – d – L.
Die Kinder suchen den passenden Satz aus dem Lesetext und schreiben ihn auf.
➔ Sie lebten auf dem Land, im Wasser und in der Luft.

25 Wörter – Labyrinth

geeignet für: EA/PA

Material: Labyrinth mit Buchstaben, in Kreisform angelegt

Spielverlauf: Durch das Labyrinth muss der Weg in die Mitte gesucht werden. Dabei werden Wörter bzw. Wortgruppen eingesammelt, die, der Reihe nach gelesen, eine kleine Zusammenfassung des gelesenen Sachtextes ergeben.

Arbeitsanweisung: Mithilfe dieses Spiels kannst du eine Zusammenfassung zum Text *(Überschrift des Textes einfügen)* finden.
Beginne bei Start und versuche, den richtigen Weg durch das Labyrinth zu finden. Dabei sammelst du Wörter und Wortgruppen ein, die, nacheinander zusammengesetzt, sinnvolle Sätze ergeben. Jeder neue Satz ist fett markiert. Wenn du am Ende des Labyrinthes angekommen bist, hast du die ganze Zusammenfassung gefunden. Schreibe sie in dein Heft.

Beispiel: Siehe Nr. 47 „Buchstaben-Labyrinth" (S. 69), nur verändern mit Wörtern bzw. ganzen Wortgruppen ➔ das Labyrinth muss auf der Größe einer DIN-A4-Seite angelegt sein

Variante: Das Labyrinth enthält mehrere Wege mit unterschiedlichen Wörtern. Dabei
a) kann nur ein Weg zu einem sinnvollen, zum Thema passenden Wort oder Satz führen, die anderen Wege ergeben Nonsens.
b) können mehrere sinnvolle Sätze entstehen, die aber falsche Aussagen beinhalten. Es soll der Weg mit der richtigen Aussage/der sinnvollen Zusammenfassung gefunden werden.

Hinweis: Ein geeignetes Kreislabyrinth bietet Kopiervorlage 12 am Ende des Buches.

26 Satzsuche

geeignet für: EA

Material: Mehrere Sätze, die den Sachtext zusammenfassen. Jeder Satz steht auf einem eigenen Blatt.

Spielverlauf: Die einzelnen Sätze werden im Klassenzimmer so versteckt, dass man sie offen sehen kann (z. B. in der Topfblume, unter der Heizung, ...).
Die Kinder suchen jeweils einen Satz, merken sich ihn und schreiben ihn am Platz auf. Danach suchen sie den nächsten Satz usw. Wenn sie alle Sätze gefunden haben, versuchen sie, daraus einen sinnvollen Text zu basteln. Dieser Text dient als Zusammenfassung des gelesenen Sachtextes.

Arbeitsanweisung: Mithilfe dieses Spieles kannst du die wichtigsten Sätze des Textes *(Überschrift des Textes einfügen)* finden und aufschreiben.
Im Klassenzimmer verteilt sind mehrere Sätze versteckt. Suche immer einen Satz, merke ihn dir und schreibe ihn am Platz auf. Dann suchst du den nächsten Satz. Die Reihenfolge, in der du die Sätze aufschreibst, ist vorerst egal.
Wenn du alle Sätze aufgeschrieben hast, bildest du aus den Sätzen einen sinnvollen Text.

27 Laufend gelernt

geeignet für: EA

Material: Sätze zum Sachtext, die als Zusammenfassung dienen

Spielverlauf: Die Sätze hängen im Klassenzimmer verteilt aus. Dabei ist jeder Satz auf zwei Blätter verteilt. Die Blätter mit den Satzanfängen sind von 1 – ... durch nummeriert.
Das Kind liest nun den Satzanfang Nr. 1, geht an seinen Platz und schreibt ihn auf, sucht dann die entsprechende sinnvolle Satzergänzung und schreibt sie ebenfalls auf, geht zum Satzanfang Nr. 2 usw. So erarbeitet sich die Schülerin/der Schüler die Zusammenfassung zum Sachtext.

Arbeitsanweisung: Mithilfe dieses Spieles kannst du die wichtigsten Sätze des Textes *(Überschrift des Textes einfügen)* finden und aufschreiben.
Im Klassenzimmer verteilt sind mehrere Sätze versteckt. Jeder Satz ist auf zwei verschiedenen Blättern aufgeschrieben. Die Satzanfänge sind immer nummeriert.
Suche nun das Blatt mit der Nummer 1, merke dir diesen Satzteil und schreibe ihn am Platz auf. Suche dann nach dem Blatt, das diesen Satzanfang sinnvoll ergänzt und schreibe ihn auch auf. Danach suchst du das Blatt mit dem Satz Nummer 2 und verfährst in der gleichen Weise, usw.

28 Nacherzählung

geeignet für: EA

Material: 4–6 nummerierte Wortkarten mit Stichwörtern aus dem gelesenen Sachtext.

Spielverlauf: Das Kind liest die erste Wortkarte (die Wortkarte mit der Nummer 1). Es soll versuchen, zu diesem Stichwort einen Satz aufzuschreiben, an den es sich aus dem gelesenen Sachtext erinnert. Dabei reicht es, wenn der Satz sinngemäß aufgeschrieben wird.
Dann folgt die zweite Karte mit einem weiteren Stichwort aus dem Text. Auch dazu schreibt es einen Satz auf.
So erarbeitet sich das Kind Stück für Stück eine eigene Zusammenfassung.

Arbeitsanweisung: Mithilfe dieses Spieles schaffst du es, die wichtigsten Sätze des Textes (*Überschrift des Textes einfügen*) zu finden und aufzuschreiben.
Nimm die Wortkarte mit der Nummer 1. Hier steht ein Stichwort aus dem Text, den du gerade gelesen hast. Schreibe zu diesem Stichwort einen Satz auf, an den du dich aus dem Text erinnerst. Du musst den Satz nicht wortwörtlich aus dem Text aufschreiben, es reicht, wenn du einen Satz mit deinen eigenen Worten aufschreibst.
Nimm dann die Wortkarte Nummer 2 und schreibe auch hierzu einen Satz auf, an du dich erinnerst.
So baust du dir die wichtigsten Sätze des Textes zusammen.

Hinweis: Durch dieses Spiel entstehen von den Kindern selbst erstellte Zusammenfassungen. Es besteht natürlich die Gefahr, dass – je nach Können – die aufgeschriebenen und zusammengefassten Sätze nicht schlüssig aufeinander aufbauen.

29 Verkehrte Welt

geeignet für: PA

Material: Zusammenfassung zum Sachtext, jedes Wort aber rückwärts aufgeschrieben

Spielverlauf: Die Zusammenfassung ist so aufgeschrieben, dass jedes Wort verkehrt herum, also rückwärts aufgeschrieben ist.
Ein Kind liest ein Wort nach dem anderen verkehrt vor, das andere soll die Wörter im Kopf „umdrehen" und das richtige Wort aufschreiben. Nach der Hälfte des Textes wird gewechselt.

Arbeitsanweisung: Der vorliegenden Sätze sind eine kleine Zusammenfassung des Textes (*Überschrift des Textes einfügen*).
Die Wörter sehen aber komisch aus, denn alle sind falsch herum aufgeschrieben. Du musst alle Wörter jeweils von rückwärts lesen, um sie entziffern zu können.
Dein Partner liest dir jetzt ein Wort nach dem anderen so vor, wie es auf dem Blatt steht. Du „übersetzt" dieses Wort und schreibst es richtig herum auf. Nach der Hälfte der Wörter wechselt ihr.

Hinweis: Dieses Spiel können die Schülerinnen und Schüler selbständig gestalten.

30 Schwarze Schafe

geeignet für: EA/PA

Material: Arbeitsblatt mit durcheinander gewürfelter Zusammenfassung

Spielverlauf: Die Zusammenfassung zum Sachtext ist auf einem Blatt vorgegeben. Jeder Satz ist aber durcheinander aufgeschrieben. Zusätzlich stehen dazwischen immer wieder falsche, irreführende Begriffe, die so genannten Schwarzen Schafe. Diese gilt es durchzustreichen und aus den verbleibenden Wörtern einen sinnvollen Text zu machen. Das ergibt letztendlich die Zusammenfassung.

Arbeitsanweisung: Auf dem Arbeitsblatt steht die Zusammenfassung zum Text (*Überschrift des Textes einfügen*). Leider sind die Sätze aber alle durcheinander geraten. Außerdem stehen in jedem Satz 1 bis 2 falsche Wörter. Streiche die falschen Wörter durch und bilde aus den restlichen Wörtern einen sinnvollen Satz. Schreibe diesen auf. So erhältst du Stück für Stück die richtige Zusammenfassung.

31 Fährten lesen

geeignet für: EA/PA

Material: Sätze, die als Zusammenfassung des Sachtextes dienen

Spielverlauf: Aus dem Sachtext sind verschiedene Sätze notiert. Der einzelne Satz ist richtig aufgeschrieben, insgesamt sind die Sätze aber in einer falschen Reihenfolge. Die Kinder versuchen, die Sätze in eine sinnvolle Abfolge zu bringen und diese aufzuschreiben. So entsteht die Zusammenfassung des Textes.

Arbeitsanweisung: Die Sätze auf dem Blatt sind die Zusammenfassung des Sachtextes (*Überschrift des Textes einfügen*). Aber irgendetwas stimmt mit der Reihenfolge der Sätze nicht. Ordne die Sätze so, dass sie einen Sinn geben und schreibe sie auf.

Darüber hinaus können Spiele, die in anderen Kapiteln beschrieben sind, hier auch verwendet werden, insbesondere:
- Puzzle-Spiele (Seite 32)
- Mit den Augen verbinden (Seite 31)

3.2.3 Schlüsselbegriffe eines Textes finden

Eine weitere Möglichkeit besteht darin, Schlüsselbegriffe aus einem Sachtext herauszusuchen und deren Bedeutung schriftlich zu erklären. So werden von den Schülerinnen und Schülern die zentralen Begriffe des Textes herausgefiltert. Die übergeordnete Aufgabe zu den folgenden Methoden und Lernspielen lautet also: „Finde im Text bestimmte Begriffe und erkläre sie!“ Darüber hinaus können die Kinder mithilfe dieser Stichwörter auch versuchen, eine eigene Zusammenfassung des Textes zu schreiben.

---

32 **Buchstabenkette**

geeignet für: EA/PA

Material: Buchstabenketten

Spielverlauf: Aus verschiedenen Buchstabenketten heraus sind Wörter aus dem Sachtext zu finden. Die Buchstaben in der Kette sind immer nach einer gewissen Regel angeordnet (z. B. jeder zweite Buchstabe zählt (Beispiel 1) oder der erste, der zweite, der vierte, der achte usw. (Beispiel 2) oder der Abstand zwischen den gesuchten Buchstaben wird immer eines mehr (Beispiel 3). Die Schülerinnen und Schüler suchen die Wörter heraus, erklären deren Bedeutung oder schreiben über diese Begriffe alles auf, was sie wissen.

Arbeitsanweisung: In den Buchstabenketten sind Wörter aus dem Sachtext (*Überschrift des Textes einfügen*) versteckt. Du musst selbst herausfinden, nach welcher Regel die Buchstaben angeordnet sind (vielleicht darfst du nur jeden zweiten Buchstaben verwenden oder der Abstand zwischen den richtigen Buchstaben wird immer eines mehr).
Schreibe die richtigen Wörter auf und erkläre, was sie bedeuten. Schreibe alles auf, was du über diesen Begriff weißt.

Beispiel: Unsere Planeten

Beispiel 1: N O E R P E T X U K N S ➔ Neptun
Beispiel 2: S A R T X E U B C V R S F Q W N ➔ Saturn

Variante: In einer Buchstabenkette sind gleich mehrere Wörter versteckt, z. B. jeder zweite Buchstabe gehört zum anderen Wort

Beispiel: Hunderassen
B D E A R L N M H A A T R I D N I E N R E R
➔ Bernhardiner/Dalmatiner

33 Wort-Teile

geeignet für: EA

Material: Liste mit einzelnen Wort-Teilen, Lösungsblatt

Spielverlauf: Nach dem Lesen eines Infotextes sollen bestimmte Schlüsselwörter aus einzelnen Wort-Teilen gesucht und deren Bedeutung erklärt werden.
Die Wort-Teile bestehen jeweils aus vier aufeinander folgenden Buchstaben.

Arbeitsanweisung: Aus der Liste mit den Wort-Teilen sollst du Begriffe aus dem Text (*Überschrift des Textes einfügen*) suchen. Von jedem Wort sind aber nur vier aufeinander folgende Buchstaben angegeben. Versuche, die richtigen Wörter im Text zu finden.
Schreibe die Wörter auf und erkläre, was sie bedeuten. Schreibe alles auf, was du über diese Wörter weißt.

Beispiel: Das gedachte Wort aus dem Infotext ist Hundeleine. Auf dem Aufgabenblatt steht aber nur:
...dele...
Mithilfe dieses Wort-Teiles soll das ursprüngliche Wort „Hundeleine" im Lesetext gefunden werden.

34 Gestochen scharf

geeignet für: PA

Material: vorbereitete Kartons, Augenbinde

Spielverlauf: Begriffe zum Thema werden in Spiegelschrift von hinten in einen Karton gepikst.
So entstehen auf der Vorderseite Tastwörter, die die Kinder mit geschlossenen Augen „erlesen" sollen. Diese Wörter werden anschließend schriftlich erklärt.

Arbeitsanweisung: Setze die Augenbinde auf. Dein Partner gibt dir einen Karton in die Hand und zeigt dir, wo du anfangen sollst zu tasten. Auf dem Karton steht in „Blindenschrift" ein Wort, das du erlesen sollst. Wenn du das Wort erraten hast, schreibt ihr es in euer Heft. Nun nimmt dein Partner die Augenbinde und ertastet das nächste Wort.
Am Schluss schreibst du hinter jedes Wort, was es bedeutet und erklärst es.

35 Buchstabenringe

geeignet für: EA/PA

Material: Buchstabenringe mit geeigneten Buchstaben

Spielverlauf: Aus den Buchstabenringen sollen Wörter zum Thema gebildet werden. Dabei wird aus jedem Ring der Reihe nach ein Buchstabe genommen.

Arbeits-anweisung: In den Buchstabenringen sind Wörter aus dem Sachtext *(Überschrift des Textes einfügen)* versteckt. Wenn du aus jedem Kreis einen Buchstaben verwendest, kannst du vier Wörter entdecken. Schreibe zu diesen Begriffen alles auf, was du weißt.

Beispiel:

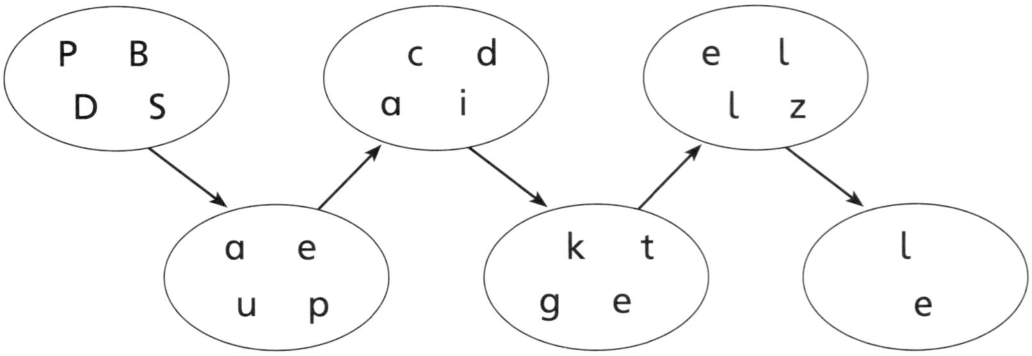

Lösung: Pudel, Spitz, Beagle, Dackel

36 Buchstabenrätsel

geeignet für: EA/PA

Material: Die Anfangs- und Endbuchstaben verschiedener Wörter aus dem Sachgebiet stehen auf einem Blatt.

Spielverlauf: Die Kinder sollen die Wörter erraten und die restlichen Buchstaben eintragen.

Arbeits-anweisung: Im Buchstabenrätsel sind Wörter aus dem Sachtext (*Überschrift des Textes einfügen*) versteckt. Es ist immer nur der Anfangs- und Endbuchstabe des Wortes angegeben. Durch die Striche dazwischen siehst du, wie viele Buchstaben noch fehlen.
Suche das Wort und schreibe alles auf, was du darüber weißt.

Beispiel:

B _ _ _ _ _ _ _ _ _ R → Bernhardiner
C _ _ _ _ E → Collie
D _ _ _ _ L → Dackel

37	**2a5t**
geeignet für:	EA
Material:	Lesetext, Wörterliste in Geheimschrift
Spielverlauf:	Die Kinder sollen aus einem Lesetext bestimmte Wörter heraussuchen. Welche Wörter zu entdecken sind, wird in einer Geheimschrift angegeben. 2a5t bedeutet zum Beispiel: Suche ein Wort aus dem Text, dessen 2. Buchstabe ein „a", der 5. Buchstabe ein „t" ist (z. B macht). 1b5h10n bedeutet 1. Buchstabe ein „b", 5. Buchstabe ein „h", 10. Buchstabe ein „n" (z. B. Bernhardiner)
Arbeits-anweisung:	In Geheimschrift sind hier Wörter aus dem Sachtext (*Überschrift des Textes einfügen*) versteckt. Du sollst sie finden, aufschreiben und versuchen, aus allen Wörtern eine kleine Zusammenfassung zum Lesetext zu schreiben. Aber, wie ist die Geheimschrift zu entziffern? Ganz einfach: 2a5t bedeutet, dass du ein Wort aus dem Text suchen musst, dessen erster Buchstabe ein a und dessen fünfter Buchstabe ein t ist. Und 4r6e8i bedeutet: 4. Buchstabe r, 6. Buchstabe e und 8. Buchstabe i. Okay, dann kann es losgehen.

38 Geheimschrift

geeignet für: EA/PA

Material: Texte in Geheimschrift, Dechiffrierscheibe (Bastelanleitung Kopiervorlage 13)

Spielverlauf: Wörter zum Thema sind in einer Geheimschrift vorgegeben, der „Code“ ist aber nicht bekannt. Durch eine beiliegende Dechiffrierscheibe soll der Code geknackt werden.
Diese Dechiffrierscheibe kann auf einfache Art selbst gebastelt werden kann: Die vorliegenden Scheiben (Kopiervorlage 13) werden kopiert, foliert und in der Mitte mit einer Musterklammer verbunden. Nun können die Scheiben gegeneinander verdreht werden und immer neue Geheimschriften gebildet werden. Mit dieser Scheibe sollen nun die Geheimwörter entziffert werden.

Arbeitsanweisung: In Geheimschrift sind hier Wörter aus dem Sachtext (*Überschrift des Textes einfügen*) versteckt. Du sollst sie finden, aufschreiben und versuchen, aus allen Wörtern eine kleine Zusammenfassung zum Lesetext zu schreiben.
Aber, wie ist die Geheimschrift zu entziffern?
Versuche, mit der beiliegenden Dechiffrierscheibe herauszubekommen, in welchem Code die Buchstaben verschlüsselt sind. Dazu wirst du viel Geduld brauchen.
Verschiebe die zwei Scheiben zuerst so, dass das „B“ der inneren Scheibe beim „A“ der äußeren Scheibe liegt. Jedes „B“ in deinem Geheimwort wird nun zu einem „A“, jedes „C“ zu einem „B“ usw. Prüfe nun, ob das Geheimwort jetzt einen Sinn gibt. Immer noch nicht? Dann verschiebe die Dechiffrierscheibe schrittweise weiter und überprüfe immer wieder, wann das Geheimwort einen Sinn gibt.
Übrigens, alle Wörter sind im gleichen Code verschlüsselt. Hast du den Code gefunden, kannst du alle Wörter lösen.

Beispiel: Welcher Code wurde hier verwendet? LYHOP NKMUOV
Wenn die Dechiffrierscheibe so gestellt ist, dass das „A“ des äußeren Buchstabenringes auf das „K“ des inneren Buchstabenringes gestellt wird, ergeben sich die Wörter „Boxer“ und „Dackel“.

Hinweis zur Herstellung: Eine Schablone zum Basteln einer Dechiffrierscheibe ist Kopiervorlage 13 am Ende des Buches.

Darüber hinaus können alle Spiele, die im Kapitel 3.3 beschrieben sind, auch hier verwendet werden, insbesondere:

- Buchstabengitter (Seite 66)
- Schüttelwörter (Seite 75)
- Jeder Zweite (Seite 63)
- Silbenlabyrinth (Seite 72)
- Unvollständiges Alphabet (Seite 74)
- 2C – 5E (Seite 64)
- Entweder – Oder (Seite 71)
- Mit den Augen verbinden (Seite 31)
- Verstümmelte Wörter (Seite 73)
- Geheimwörter (Seite 74)

3.3 Namen und Begriffe selbstständig erlernen

Viele Themen im Sachunterricht bestehen aus Inhalten, bei denen ein Bild einem Namen zugeordnet werden muss: die Schülerinnen und Schüler lernen z. B. verschiedene Dinosaurier kennen und sollen dem Dinosaurierbild den richtigen Namen zuordnen. Oder sie lernen, einem Blumenbild den richtigen Namen der Blume zuzuordnen. Weitere Beispiele sind: verschiedene Hundearten und ihre Namen kennen lernen, Baumnamen anhand ihrer Blätter erlernen, Fotos von Schmetterlingen den entsprechenden Namen zuordnen oder den Bildern der verschiedenen Planeten ihren jeweiligen Namen zuordnen.

Alle Themen mit dieser Grundstruktur können von den Schülerinnen und Schülern selbstständig erarbeitet werden. Der übliche Ablauf, den Kindern den Lerninhalt (z. B. verschiedene Dinosaurier und ihre Namen) vorzulegen und dann durch Übungen zu festigen, ist durchaus sinnvoll. Aber – diese Vorgehensweise verzichtet auf die selbstständige Erarbeitung der Lerninhalte durch die Kinder. Denn in einem Arbeitsschritt vor der eigentlichen Übung und Vertiefung können sich die Schülerinnen und Schüler die Lerninhalte selbstständig aneignen und so bereits bei der Wissensvermittlung selbst tätig sein.

Dazu wird (wir bleiben beim Beispiel Dinosaurier und ihre Namen) jeder zu lernende Dinosaurier auf einem DIN-A4-Papier abgebildet und sein Name darunter in Form eines Rätsels präsentiert. Die Kinder müssen zuerst das Rätsel lösen, um den Namen des Dinosauriers zu erfahren.

Durch die aktive Auseinandersetzung mit den Rätseln wird der Lerninhalt eigenaktiv verarbeitet und die Schülerinnen und Schüler können sich meiner Erfahrung nach die Dinosaurier bereits vor der eigentlichen Übungsphase besser merken.

Die folgenden Methoden sind alle geeignet, um die zu lernenden Namen als Rätsel anzubieten.

Dabei gibt es Methoden, die eindeutig zu einem Lösungswort führen (Lernspiele Nummer 39 bis 47). Diese sind geeignet für völlig neue und den Schülern unbekannte Lerninhalte (Beispiel: Die Lehrkraft vermutet, dass kein Kind die zu erlernenden Namen der Dinosaurier kennt).

Haben die Schülerinnen und Schüler bereits ein gewisses Grundwissen (Beispiel: Bei den Blumen ist auch das Bild eines Gänseblümchens dabei, die Lehrkraft denkt, dass diese Pflanze die meisten Schüler kennen), können auch schwerere Rätsel verwendet werden (Lernspiele Nummer 48 bis 54). Bei diesen Rätseln bekommen die Schülerinnen und Schüler nur die Buchstaben oder Silben heraus, aus denen das Lösungswort besteht. Mit dem Grundwissen, das die Kinder haben, können sie die Buchstaben/Silben dann sinnvoll ordnen und erhalten so das richtige Lösungswort. Die Rätsel dienen hier eher dazu, um bereits vorhandenes Wissen zu aktivieren bzw. als Bestätigung von etwas, das die Schülerinnen und Schüler schon wissen können.

39 Wortknoten

geeignet für: EA/PA

Material: Buchstaben mit Linien/Pfeilen und entsprechenden Feldern

Spielverlauf: Einzelne Buchstaben führen in zackigen Linien zu bestimmten Lösungsfeldern. Dadurch entsteht das Lösungswort.
Wohin führen die Buchstaben?

Arbeitsanweisung: Fahre die Pfeile/Linien nach und finde heraus, in welches Feld die Buchstaben führen. Schreibe dort den jeweiligen Buchstaben hinein. So erhältst du das Lösungswort.
Achtung: Manche Buchstaben führen ins Leere.

Beispiel: Welcher Frühblüher ist hier versteckt?

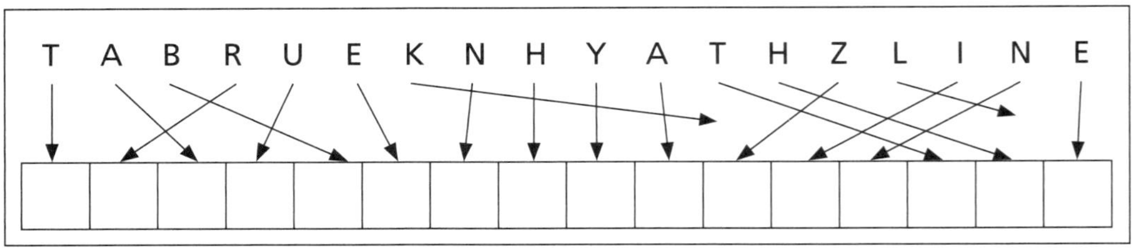

Lösung: ➔ Traubenhyazinthe

Variante: Welche Blume ist hier versteckt?

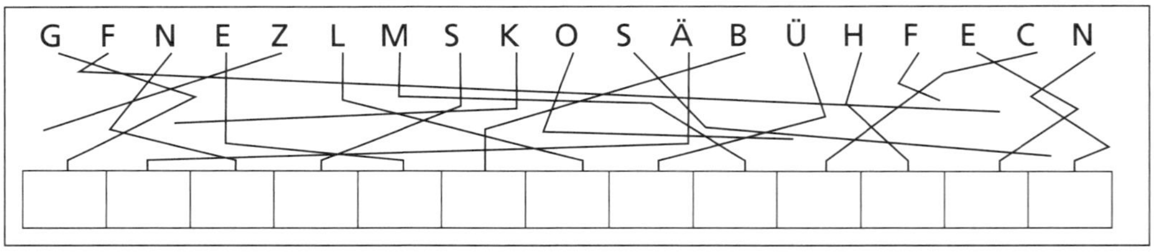

Lösung: ➔ Gänseblümchen

Variante: Wie heißt der hier versteckte Hund?

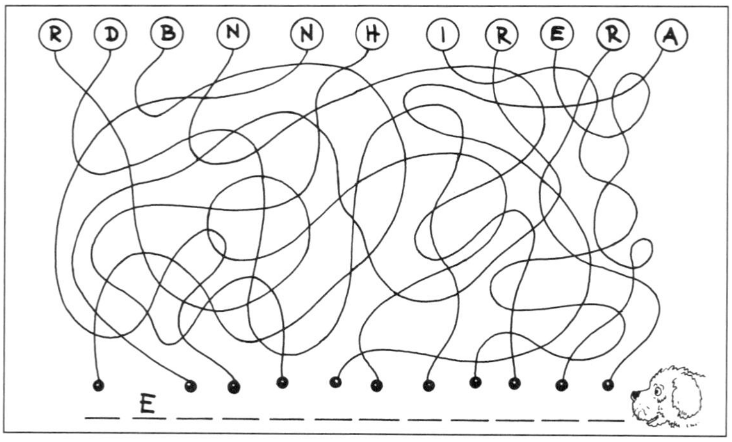

Lösung: ➔ Bernhardiner

Hinweise: Alle Beispiele als Kopiervorlage 14 am Ende des Buches.

40 Jeder Zweite

geeignet für: EA/PA

Material: Buchstaben in Kreisform (oder in Reihe)

Spielverlauf: In einem großen Kreis (oder in der Reihe) stehen Buchstaben. Es darf aber, beginnend bei dem markierten Buchstaben, nur jeder zweite Buchstabe (oder dritte/fünfte) verwendet werden, um das Lösungswort herauszubekommen.

Arbeitsanweisung: Beginne beim markierten Buchstaben.
Verwende im Uhrzeigersinn jeden zweiten Buchstaben.
So erhältst du den gesuchten Begriff.

Beispiel: Finde den Dinosauriernamen!

R
A J
Y A
P G
T N
D F
S N
E W
U O
T U
R S
A B
U A
F

Lösung: → Tyrannosaurus

Varianten: Schwerer wird das Spiel, wenn der jeweilige Anfangsbuchstabe nicht markiert wird oder die Kinder erst herausfinden müssen, ob nur jeder zweite oder dritte (vierte/fünfte) Buchstabe verwendet werden muss.

Beispiel: Finde den Namen eines Planeten.
N O L E R L P E V T X O U K G N S

Lösung: Jeder dritte Buchstabe wird verwendet: → Neptun

41 2C – 5E

geeignet für: EA/PA

Material: Koordinatengitter mit Buchstaben, Lösungskasten

Spielverlauf: Aus einem Koordinatengitter sollen nach Anleitung Buchstaben für das Lösungswort gefunden werden.

Arbeitsanweisung: Suche im Gitternetz nach den richtigen Buchstaben und trage sie im Lösungskästchen ein.
B2 bedeutet, dass du im Gitternetz die Spalte „B" suchst und dort bis zur Reihe „2" gehst. Der Buchstabe, der dort steht, wird im Lösungskästchen eingetragen.

Beispiel: Gesucht wird der Name einer Wiesenblume

Koordinatengitter:

	A	B	C	D	E
1	W	T	E	D	E
2	F	C	R	H	P
3	E	U	A	I	U
4	K	M	B	ß	S
5	O	L	J	G	N

Lösungskästchen:

E4	B2	D2	C3	C2	A2	C1	C2

D2	C3	D2	E5	E1	E5	A2	E3	D4

Lösung: ➔ Scharfer Hahnenfuß

42 Geheimschrift

geeignet für: EA/PA

Material: Buchstaben in Geheimschrift

Spielverlauf: Die Lösungsbuchstaben sind in Geheimschrift geschrieben (z. B. A = 1, B = 2 oder A = B, B = C, usw.). Die Buchstaben müssen übersetzt werden. Der „Code" wird angegeben.

Arbeitsanweisung: Anstelle von Buchstaben wurde das gesuchte Wort mit Zahlen geschrieben. Dabei bedeutet: 1 = A, 2 = B usw. Entziffere das Wort.

Beispiel: Wie heißt diese Pflanze?

11 8 9 5 3 8 5 14 4 5 18   7 21 5 14 19 5 12   (Achtung: ue = ü)

Lösung: ➔ Kriechender Günsel

43 Rätsel erster Buchstabe

geeignet für: EA/PA

Material: Quizfragen

Spielverlauf: Die Schülerinnen und Schüler beantworten Quizfragen. Die ersten Buchstaben der Lösungswörter ergeben der Reihe nach gelesen den Namen des gesuchten Begriffes.

Arbeitsanweisung: Löse die folgenden Quizfragen. Wenn du immer den ersten Buchstaben der Lösungswörter nimmst, ergibt sich der Name des gesuchten Begriffs.

Beispiel: Wie heißt dieser Baum?

> **Wie heiße ich?**
>
> Nimm immer den ersten Buchstaben der folgenden Lösungswörter:
>
> 1. „Haut" des Baumes
> 2. 10. Monat im Jahr
> 3. Frucht der Tanne
> 4. Kleines Klettertier mit buschigem Schwanz
> 5. Stacheliges Tier
> 6. Tier, das seine Farbe wechselt
> 7. Jahreszeit, in der die Blätter fallen
> 8. Frucht der Eiche

Lösung: ➔ Roteiche

Variante: Die Schülerinnen und Schüler beantworten Quizfragen. Die letzten Buchstaben der Lösungswörter ergeben der Reihe nach gelesen den Namen der gesuchten Blume.

> **Wie heiße ich?**
>
> Nimm immer den letzten Buchstaben der folgenden Lösungswörter:
>
> 1. Ergibt mit blau die Farbe grün
> 2. 5. Monat im Jahr
> 3. Waldtier, das 7 Monate im Jahr schläft
> 4. Auf Wanderungen hast du einen auf dem Rücken
> 5. Kleines, fleißiges Waldtier

Lösung: ➔ Birke

Hinweis: Geeignete Rätselfragen von A-Z sind im Anhang zu finden.

44 Buchstabengitter

geeignet für: EA/PA

Material: Buchstabengitter

Spielverlauf: Aus einer Vielzahl von Buchstaben muss der richtige Name gefunden werden. Dabei kann das gesuchte Wort – je nach Schwierigkeitsgrad – waagrecht, senkrecht oder diagonal versteckt sein.

Arbeitsanweisung: Suche im Buchstabengitter nach dem richtigen Namen. Das Lösungswort kann waagrecht, senkrecht oder diagonal versteckt sein.

Beispiel: Wie heißt diese Pflanze?

A	Z	U	W	M	G	L	E	Q	T	H	Ö	B	C	X	W	G	J
H	T	I	S	B	K	Ö	R	S	R	T	B	S	X	K	W	F	H
D	G	C	A	N	P	D	H	A	R	F	H	Z	U	D	M	B	J
W	I	E	S	E	N	S	C	H	A	U	M	K	R	A	U	T	S
H	R	Q	K	G	B	S	A	R	T	J	L	E	L	F	A	R	M
E	T	K	L	V	W	F	S	T	I	P	G	A	Q	K	N	F	S
G	U	T	R	I	L	D	B	S	M	L	Z	O	I	W	D	U	R

Lösung: ➔ Wiesenschaumkraut

Variante: Der Blumenname kann auch rückwärts notiert sein.

Hinweis: Eine geeignete Vorlage ist Kopiervorlage 15 am Ende des Buches.

45 Welches Wort fehlt?

geeignet für: EA/PA

Material: zwei Rahmen mit zum Thema passenden Wörtern

Spielverlauf: In einem Rahmen stehen viele zum Thema passende Wörter.
Daneben stehen in einem Rahmen dieselben Wörter, nur ist jetzt ein Wort zusätzlich notiert. Die Kinder sollen dieses Wort finden. Es ist das Lösungswort.

Arbeitsanweisung: In jedem Rahmen siehst du dieselben Namen. Aber – in einem Rahmen steht ein zusätzlicher Name. Dies ist der Name der gesuchten Pflanze.

Beispiel: Wie heißt die gesuchte Blume?

Margerite	Bergahorn
Tulpe	Gänseblümchen
Hahnenfuß	Margerite
Bergahorn	Tulpe
Schneeglöckchen	Rotklee
Gänseblümchen	Wald-Akelei
Wald-Akelei	Hahnenfuß
	Schneeglöckchen

Lösung: ➔ Rotklee

46 Wortspur

geeignet für: EA/PA

Material: verschiedene Wörter, eine passende Wortspur

Spielverlauf: Begriffe zum Thema sind nur als Wortspur vorgegeben. Aus einer Ansammlung von Begriffen muss das passende Wort herausgefunden und in die Wortspur hineingeschrieben werden.

Arbeitsanweisung: Es sind verschiedene Wörter vorgegeben. Aber – nur ein Wort passt genau in die vorliegende Wortspur. Welches Wort ist es?
Dabei musst du beachten, dass die Großbuchstaben noch oben reichen und z. B. das „g" bis nach unten reicht.

Beispiel: Wie heißt dieser Hund?

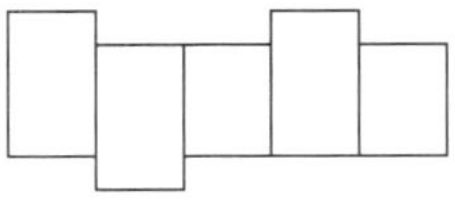

Boxer Spitz Dackel

Lösung: ➔ hier passt nur der „Spitz" hinein

47 Buchstaben – Labyrinth

geeignet für: EA/PA

Material: Labyrinth mit Buchstaben

Spielverlauf: Durch das Labyrinth muss der Weg zum Ziel gesucht werden. Dabei werden einzelne Buchstaben eingesammelt, die, der Reihe nach gelesen, das Lösungswort ergeben.

Arbeitsanweisung: Suche einen Weg durch das Labyrith bis zur Mitte. Sammle die Buchstaben unterwegs ein. Der Reihe nach gelesen ergeben sie das Lösungswort.

Beispiel: Wie heißt dieser Edelstein?

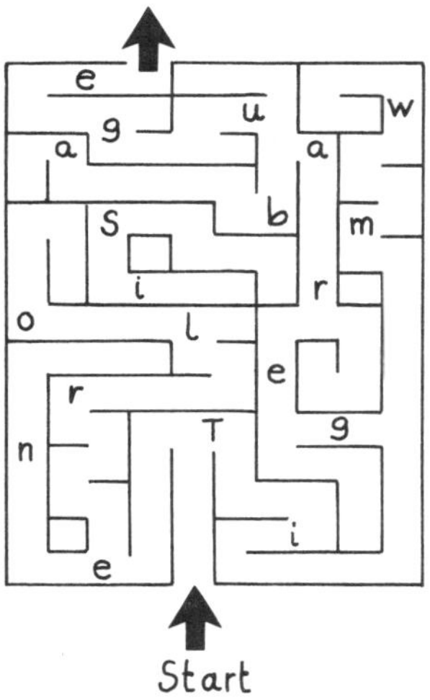

Lösung: ➔ Tigerauge

Variante: Das Labyrinth enthält mehrere Wege mit unterschiedlichen Buchstaben. Dabei kann nur ein Weg zu einem sinnvollen, zum Thema passenden Wort führen. Die anderen Wege ergeben Nonsens.

Hinweis: Eine geeignete Vorlage ist Kopiervorlage 16 am Ende des Buches.

Variante: Wie heißt diese Pflanze?

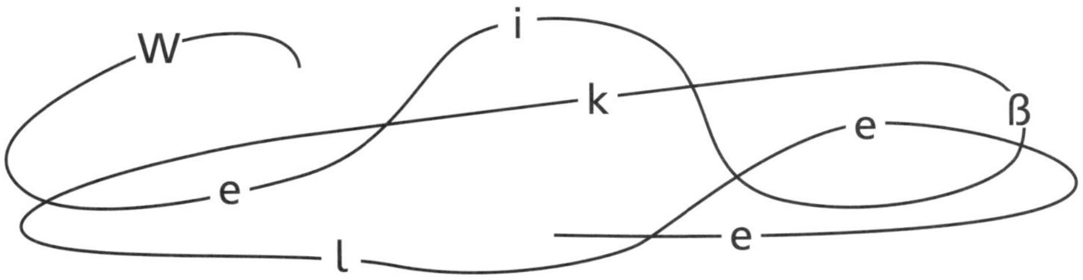

Lösung: ➔ Weißklee

Variante: Hier genauso geeignet ist ein bereits weiter vorn beschriebenes Lernspiel: Mit den Augen verbinden (siehe S. 31)

Wie heißt diese Pflanze?

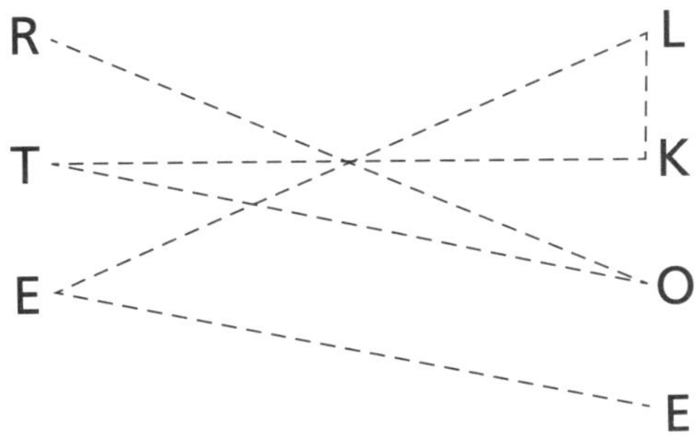

Lösung: ➔ Rotklee

Die folgenden Methoden setzen eine gewisse Grundkenntnis voraus, da sie nicht eindeutig zum Lösungswort führen. Hier müssen die Schülerinnen und Schüler also Grundwissen mitbringen, um z. B. den Namen einer bekannten Pflanze heraus zu finden.

---

48 So ein Durcheinander

geeignet für:	EA/PA
Material:	durcheinander geschriebene Buchstaben
Spielverlauf:	Das Lösungswort wird rückwärts (oder ganz durcheinander) aufgeschrieben.
Arbeits-anweisung:	Ordne die Buchstaben in die richtige Reihenfolge. Beginne mit dem Großbuchstaben.
Beispiel:	Wie heißt diese kleine Blume?

	ä	b	m	c	l	e
G	s	e	ü	h	n	n

Lösung: → Gänseblümchen

49 Entweder – oder

geeignet für: EA/PA

Material: Koordinatengitter mit Buchstaben, Lösungskästchen

Spielverlauf: Im Lösungskästchen sind immer zwei Koordinaten angegeben. Davon stimmt aber nur eine. Die Kinder sollen die richtigen Buchstaben herausfinden.

Arbeitsanweisung: Suche im Gitternetz nach den richtigen Buchstaben und trage sie im Lösungskästchen ein. B2 bedeutet, dass du im Gitternetz die Spalte „B“ suchst und dort bis zur Reihe „2“ gehst.
Du musst aber immer zwischen zwei Möglichkeiten auswählen. Welche Buchstaben ergeben ein sinnvolles Wort?

Beispiel: Koordinatengitter siehe Methode 41 auf Seite 64
Wie heißt diese Blume?

Lösungskästchen:

A1	B3	D2	E1	C1
B1	C5	B5	E2	D4

Lösung: → Tulpe

50 Silbenlabyrinth

geeignet für: EA/PA

Material: Tabelle mit Wortsilben

Spielverlauf: Das gesuchte Wort ist, in Silben getrennt, in einer Tabelle notiert.
Die Kinder versuchen, durch senkrechtes, waagrechtes oder diagonales Weiterrücken, das gesuchte Wort zu finden.

Arbeitsanweisung: Beginne bei „Start". Versuche, durch geschicktes Weiterrücken (waagrecht, senkrecht oder diagonal) die Silben zu finden, die zum Lösungswort führen.

Beispiel: Wie heißt dieser Hund?

Start ↓

BERN	DEL	FAL	KEL
AR	HAR	XER	MA
NER	DI	TI	ZU
SAR	TOR	NER	BER

Lösung: → Bernhardiner

Variante: Noch schwerer wird dieses Spiel, wenn aus der Silbentabelle im Pferdchensprung (zwei Schritte geradeaus und einer nach rechts oder links) die passenden Wortsilben gefunden werden müssen.

Beispiel: Beispiel: Wie heißt dieser Hund?

Start ↓

Dal	te	rul
ner	E	ma
pi	un	ka
ner	ti	far

Lösung: → Dalmatiner

51 Verstümmelte Wörter

geeignet für: EA/PA

Material: zum Thema passendes, verstümmeltes Wort (= ohne Vokale)

Spielverlauf: In das verstümmelte Wort müssen Vokale eingefügt werden, um ein sinnvolles Wort zu erhalten.

Arbeitsanweisung: In dem verstümmelten Wort fehlen alle Vokale. Versuche durch das passende Einsetzen von A, E, I, O oder U das richtige Wort herauszufinden.

Beispiel: Wie heißt dieser Edelstein?

Dmnt

Lösung: ➔ Diamant

52 Unvollständiges Alphabet

geeignet für: EA/PA

Material: Rahmen mit einzelnen Buchstaben

Spielverlauf: In einem Rahmen sind die Buchstaben des Alphabets durcheinander notiert. Das Alphabet ist aber unvollständig. Die fehlenden Buchstaben ergeben, richtig angeordnet, das gesuchte Lösungswort.

Arbeitsanweisung: In dem Rahmen findest du alle Buchstaben des Alphabets.
Alle – nein, ein paar Buchstaben sind vergessen worden. Aus den fehlenden Buchstaben kannst du das gesuchte Lösungswort bilden.

Beispiel: Beispiel: Wie heißt der gesuchte Hund?

A	H	P	D	J	K	G	C
Q	M	I	L	F	N	S	T
U	V	Y	W	Z			

Lösung: Es fehlen: B, E, O, R und X ➔ Boxer

53 Geheimwörter

geeignet für: EA/PA

Material: Buchstabenfelder

Spielverlauf: Aus zwei Buchstabenfeldern sind die gleichen Buchstaben herauszusuchen. Aus diesen ist dann das zum Thema passende Lösungswort zu bilden.

Arbeitsanweisung: Suche die Buchstaben, die in beiden Feldern zu finden sind. Aus diesen kannst du dein Lösungswort bilden.

Beispiel: Wie heißt der gesuchte Hund?

P T D	L A E
S U R	C P Z
E V L	D B U

Lösung: Gleiche Buchstaben in beiden Feldern: L, E, P, U, D ➔ Pudel

54 Schüttelwörter

geeignet für: EA/PA

Material: passendes Wort zum Thema

Spielverlauf: Das gesuchte Wort ist durcheinander geschüttelt worden und muss wieder richtig zusammengesetzt werden.

Arbeitsanweisung: Versuche, aus den durcheinander geschüttelten Buchstaben das richtige Wort zu finden.

Beispiel: Wie heißt dieser Frühblüher?

U L
P T
E

Lösung: → Tulpe

Variante: Die einzelnen Buchstaben sind in einem Sack „eingesperrt" und müssen von den Schülern richtig sortiert werden.

Beispiel: Wie heißt diese Pflanze?

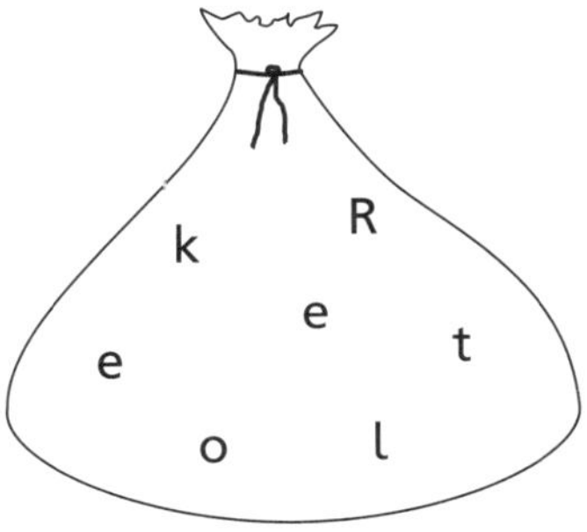

Lösung: → Rotklee

3.4 Namen und Begriffe üben und vertiefen

Die folgenden Methoden sind geeignet, die Namen, Begriffe und Bild-Wort-Zuordnungen, die die Schülerinnen und Schüler durch die Methoden aus Kapitel 3.3. herausgefunden haben, zu vertiefen und zu üben.

Darüber hinaus können die folgenden Methoden in allen Fällen verwendet werden, in denen zwei (oder mehrere) Begriffe einander zugeordnet werden müssen (z. B. Planeten und der Name ihres Mondes oder: Name des Baumes und seine Blätter und Früchte).

---

55 Durchgestrichen

geeignet für: EA/PA

Material: Stift, Lineal, Spielplan

Spielverlauf: Zwei zusammengehörige Begriffe müssen durch eine mit dem Lineal gezogene Linie miteinander verbunden werden. Dadurch werden bestimmte Buchstaben zwischen den Begriffen durchgestrichen. Die Buchstaben, die am Ende in der Mitte übrig bleiben, ergeben – in die richtige Reihenfolge gesetzt – das Lösungswort.

Arbeits-anweisung: Zu jedem Wort in der linken Reihe gehört ein Wort aus der rechten Reihe. Verbinde mit einem Lineal alle zusammengehörenden Begriffe. Dadurch werden manche Buchstaben aus der Mitte durchgestrichen. Alle am Ende übrig gebliebenen Buchstaben ergeben – bei richtiger Anordnung – das Lösungswort.

Beispiel: Planeten und ihre (größten) Monde

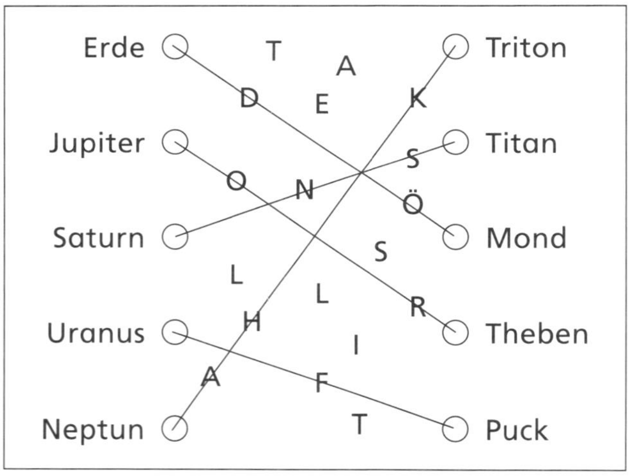

Lösung: Übrig bleiben die Buchstaben T, E, A, S, L, L, I, T → SATELLIT

Hinweis zur Herstellung: Ein geeigneter Spielplan als Kopiervorlage 17 am Ende des Buches.
Je zwei zusammengehörende Begriffe werden nach dem folgenden Schema in Kästchen geschrieben: A-3, B-2, C-7, D-10, E-1, F-4, G-8, H-6, I-9, J-5.
Beim Zuordnen werden alle überflüssigen Buchstaben in der Mitte durchgestrichen, die verbliebenen ergeben von oben nach unten gelesen das Lösungswort: TOLL GEMACHT.

56 Fähnchen stecken

geeignet für: EA/PA

Material: Styroporplatte mit dem aufgeklebten Bild, dessen Einzelteile benannt werden sollen (z. B. Körperteile des Hundes oder Teile eines Raumanzuges), Zahnstocher, an denen die richtigen Begriffe fähnchenartig befestigt sind.

Spielverlauf: Die Kinder stecken die Fähnchen an die richtige Stelle.

Arbeitsanweisung: Wo gehören die Begriffe hin? Nimm die Fähnchen und stecke sie an die richtige Stelle.

Beispiel:

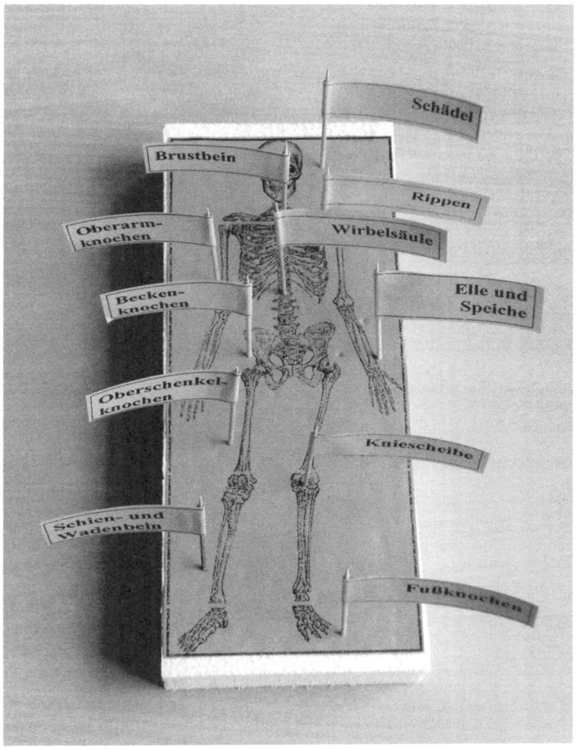

57 Quartett

geeignet für: GA

Material: durch vier teilbare Anzahl von Karten, immer vier zusammengehörige Karten bilden ein Quartett (z. B. vier gelbe, rote, blaue Blumen oder jeweils Name, Habitus, Blatt und Frucht verschiedener Bäume oder Sträucher).

Spielverlauf: Jeder Spieler erhält gleich viele Karten. Sind Quartette dabei, werden diese sogleich verdeckt abgelegt.
Ein Spieler beginnt und fordert von einem anderen eine Karte, die ihm zu einem Quartett fehlt. Er darf so lange fragen, bis der Gefragte eine verlangte Karte nicht hat und „abgeblitzt" sagt. Dann erfragt der Gefragte selbst von einem anderen Mitspieler eine Karte.
Ebenso können Quartette durch Tausch, Weitergabe oder Ziehen gebildet werden.
Wer am Schluss die meisten Quartette hat, ist Sieger.

Arbeitsanweisung: Jeder Spieler bekommt gleich viele Karten. Karten, die ein Quartett bilden, werden gleich abgelegt (d. h. vor sich auf den Tisch legen). Nun fragt ein Spieler einen anderen nach einer gewünschten Karte. Hat dieser Spieler die Karte, muss er sie an den Fragenden abgeben. Hat er sie nicht, sagt er „Abgeblitzt" und darf nun selbst einen anderen Spieler nach einer Karte fragen (man darf aber nicht denselben Mitspieler nach Karten fragen, der einen selbst gerade gefragt hat). Jeder darf so lange fragen, bis ein Mitspieler „Abgeblitzt" sagt. Wer am Ende die meisten Quartette besitzt, hat gewonnen.

Variante: **Terzett**
Wie Quartett, nur bilden immer drei Karten ein Terzett.

Variante: **Schlafmütze** (3 Spieler, 16 Karten)
Wieder müssen vier zusammengehörige Karten gesammelt werden. Das Kind links vom Kartengeber erhält eine Karte mehr und beginnt. Es gibt eine Karte, die nicht in sein Spiel passt (d. h. die es nicht als Quartett sammeln will) verdeckt an den linken Nachbarn weiter usw.
Hat ein Spieler nun ein Quartett, legt er seine Karten (unauffällig) auf den Tisch. Die Mitspieler müssen ebenfalls so schnell als möglich ihre Karten auf den Tisch legen. Derjenige, der zuletzt seine Karten hinlegt, ist die „Schlafmütze".

58 Schwarzer Peter

geeignet für: GA

Material: 10 bis 20 zusammengehörige Kartenpaare (z. B. Blumenbild – Blumenname), sowie eine Einzelkarte, den so genannten „Schwarzen Peter"

Spielverlauf: Alle Karten werden gleichmäßig verteilt und verdeckt in die Hand genommen (wenn jemand eine Karte mehr hat, ist das bei diesem Spiel nicht schlimm). Reihum zieht man vom rechten Nachbarn eine Karte, sieht nach, ob man ein Paar hat, und legt dieses offen vor sich auf den Tisch. Dann lässt man den linken Nachbarn eine Karte ziehen. Wer zum Schluss die Einzelkarte, den „schwarzen Peter" besitzt, hat verloren.

Arbeits-anweisung: Alle Karten werden gleichmäßig verteilt und verdeckt in die Hand genommen. Wenn du zwei Karten hast, die zusammen gehören, legst du diese offen vor dich auf den Tisch. Derjenige, der eine Karte mehr besitzt, beginnt und zieht von seinem rechten Nachbarn irgendeine Karte. Erhält dieser dadurch ein passendes Paar, legt er diese Karten ab. Hat er kein Paar, zieht nun der linke Nachbar aus seinem Kartenstapel.
Wer zuletzt den „schwarzen Peter" in der Hand hält, hat verloren.

59 Schnipp-Schnapp

geeignet für: PA/GA

Material: 10–20 zusammengehörige Kartenpaare (z. B. Hundebild – Hundename)

Spielverlauf: Alle Karten werden gleichmäßig verteilt und verdeckt in die Hand genommen. Auf das Kommando „Schnipp", das der Spielleiter gibt, legen alle Spieler eine Karte offen vor sich. Passen zwei Karten zusammen, so ruft der, der dies bemerkt, möglichst schnell „Schnapp" und nimmt sich die beiden Karten. Passen keine Karten zusammen, bleiben sie offen liegen. Beim nächsten Kommando wird jeweils die neue Karte auf die bereits offen liegende darauf gelegt. Wer dann zuerst „Schnapp" ruft, bekommt zusätzlich zu der oberen Karte auch die darunterliegenden. Wer zuletzt die meisten Karten hat, ist Sieger.

Arbeits-anweisung: Alle Karten werden gleichmäßig verteilt und verdeckt in die Hand genommen. Einer von euch ist der Spielleiter und ruft „Schnipp". Jetzt legen alle Spieler eine beliebige Karte vor sich hin. Passen zwei dieser offen abgelegten Karten zusammen, ruft jeder so schnell als möglich „Schnapp". Der Spielleiter entscheidet, wer zuerst gerufen hat. Dieser bekommt die Karten und legt sie vor sich auf einen Stapel. Passen keine der Karten zusammen, geht es in die nächste Runde. Es werden (auf „Schnipp") neue Karten offen hin gelegt, wer die passenden zuerst erkennt, ruft „Schnapp" und bekommt nun auch die Karten, die darunter liegen.

60 Was passt zusammen?

geeignet für: PA/GA

Material: 10 bis 20 zusammengehörige Kartenpaare

Spielverlauf: Alle Karten werden mit der Bildseite nach unten ausgelegt. Reihum deckt jeder Spieler zwei Karten auf. Findet er ein Paar, darf er es behalten und zwei neue Karten aufdecken. Gehören diese nicht zusammen, müssen sie wieder verdeckt an ihren Platz zurückgelegt werden und der nächste Spieler macht weiter. Wer zum Schluss die meisten Paare hat, hat gewonnen.
Achtung: Bei einem neuen, den Kindern noch unbekannten Spiel bietet es sich an, die Karten zuerst einander zuzuordnen, um die Kartenpaare kennen zu lernen.

Arbeitsanweisung: Alle Karten liegen verdeckt vor euch. Reihum deckt jeder Mitspieler zwei Karten auf. Passen diese zusammen, darf er sie behalten und noch einmal zwei Karten umdrehen. Passen sie nicht zusammen, werden die Karten wieder verdeckt und der nächste Spieler ist an der Reihe.
Wer am Schluss die meisten Karten besitzt, hat gewonnen.

Variante: **Immer Drei**
Hier gehören immer drei Karten zusammen (z. B. Baumname, Blatt und Frucht).
Es werden bei einem Zug also immer drei Karten umgedreht. Achtung: Diese Variante ist um einiges schwieriger.

61 Domino

geeignet für: GA

Material: Pro Spiel benötigt man 28 bis 32 Karten. Jede Karte ist durch eine Mittellinie getrennt und weist zwei verschiedene Darstellungen auf (z. B. Verkehrsschild und Bedeutung, dabei steht die Bedeutung des Verkehrsschildes auf einer anderen Karte als das Schild ➔ Karten müssen richtig zugeordnet werden).

Spielverlauf: Alle Karten werden gleichmäßig an alle Mitspieler verteilt. Wer eine bestimmte Karte hat, beginnt. Reihum kann jeder solange an beiden Enden der Schlange anlegen, wie er passende Karten hat. Wer nicht anlegen kann, „passt“, d. h. er wird übergangen. Wer zuerst alle Karten anlegen konnte, hat gewonnen.

Arbeitsanweisung: Alle Karten werden gleichmäßig verteilt. Ein Spieler beginnt und legt eine Karte offen in die Mitte. Reihum versucht nun jeder, eine passende Karte vor oder hinter dieser Karte anzulegen. Wer nicht anlegen kann, wird ausgelassen.
Gewonnen hat derjenige, der zuerst alle seine Karten angelegt hat.

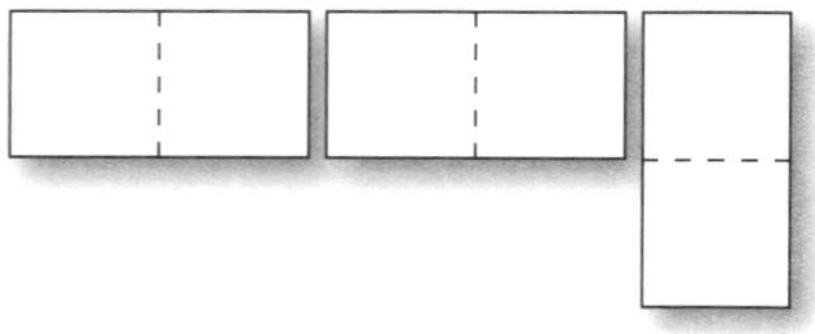

Variante: Das Domino kann in Einzel- oder Partnerarbeit ohne die klassischen Domino-Regeln als einfaches Anlege-Spiel gespielt werden. Ob alles richtig gelegt wurde, können die Kinder daran erkennen, dass keine Karten mehr übrig sind.

62 Lotto

geeignet für: EA/PA/GA

Material: Verschiedene Legetafeln, auf die kleine passende Deckkarten gelegt werden (z. B. Vogelbild und Vogelname). Die Legetafeln unterscheiden sich geringfügig voneinander (so ist z. B. eine Vogelart auf der einen Legetafel drauf, auf der anderen nicht, Deckkarten gibt es aber von allen vorkommenden Vogelarten)

Spielverlauf: Als Einzel- oder Partnerspiel hat jeder Spieler eine Legetafel vor sich. Die Deckkarten werden gemischt und auf einen Stoß gelegt. Der Reihe nach werden sie nun abgehoben und auf das passende Feld der Legetafel gelegt. Wer seine Tafel zuerst vollständig belegt hat, ist Sieger.
Beim Gruppenspiel hat ein Kind statt einer Legetafel alle Deckkarten vor sich liegen. Es hebt eine Karte nach der anderen ab und ruft: „Ich habe …". Wer zuerst „Hier" ruft, bekommt die Karte und legt sie auf seine Legetafel.
Entweder werden so viele Deckkarten im Spiel verwendet, dass alle Legetafeln bedeckt werden können – dann hat der gewonnen, dem dies zuerst gelingt, oder es wird nur mit einem Satz Deckkarten gespielt, dann siegt derjenige, der die meisten Deckkarten auf seiner Legetafel hat.

Arbeitsanweisung: Jeder Spieler hat eine Legetafel vor sich. Der Spielleiter hat alle Deckkärtchen vor sich liegen. Er nimmt eine seiner Deckkarten und ruft „Ich habe …" und nennt dabei den Namen dieser Karte. Wer zuerst „Hier" ruft, bekommt diese Karte und legt sie auf die passende Stelle auf seiner Legetafel. Wer falsch ruft, muss eine Runde aussetzen. Gewonnen hat, wer zuerst seine Tafel gefüllt hat.

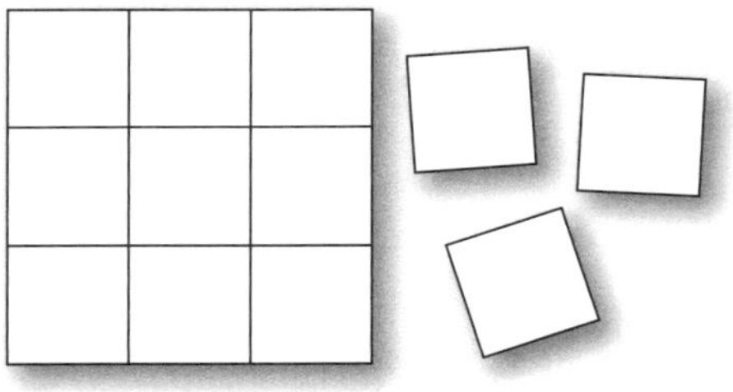

Hinweis: Dieses Spiel kann auch ohne Wettbewerbscharakter als Einzel- oder Partnerspiel gespielt werden (Ziel: Schaffen wir es, alle Karten richtig zuzuordnen?).

63 Bingo

geeignet für: GA

Material: Je Kind wird eine Bingo-Tafel mit 9, 16 oder 24 Feldern und je Gruppe eine Anzahl Wendeplättchen (oder Steckwürfel) benötigt. Jedes Feld ist mit Begriffen zum Thema (z. B. die neun Planeten, Verkehrsschilder u. a.) ausgefüllt, jede Bingo-Tafel wird aber leicht variiert. Zusätzlich wird noch eine Liste mit allen vorkommenden Begriffen gebraucht.

Spielverlauf: Der Spielleiter nennt von der Liste einzelne Begriffe. Wer diesen Begriff auf seiner Tafel findet, legt ein Plättchen darauf. Derjenige, der zuerst eine senkrechte, waagrechte oder diagonale Dreier-Reihe bilden konnte, ruft „Bingo“ und hat gewonnen.
Das Spiel kann einfach gestaltet sein, wenn Bilder zum Thema entdeckt werden müssen (für Klasse 1), es wird anspruchsvoller, wenn z. B. die Bedeutung eines Verkehrsschildes vorgelesen wird und das entsprechende Schild auf der Tafel gefunden werden muss (eher Klasse 3 oder 4).

Arbeitsanweisung: Jeder hat eine Bingo-Tafel und mehrere Wendeplättchen vor sich liegen. Einer wird zum Spielleiter bestimmt und liest nacheinander verschiedene Begriffe vor. Wer diesen Begriff auf seiner Bingo-Tafel findet, legt ein Plättchen darauf. Derjenige, der zuerst drei Plättchen nebeneinander (waagrecht, senkrecht oder diagonal) liegen hat, ruft „Bingo“ und hat gewonnen.

Variante: Es kann auch vereinbart werden, dass „Bingo“ erst bei Erreichen einer bestimmten Figur auf der Bingo-Tafel gerufen wird.

Kreuz:

	X	
X	X	X
	X	

Pyramide:

	X	
X	X	X

Domino:

X		X
	X	
X		X

T:

X	X	X
	X	
	X	

4 Ecken:

X		X
X		X

Weitere mögliche Zuordnungsspiele, die auch zur Übung und Vertiefung verwendet werden können, sind bereits im Kapitel 3.3 (ab Seite 61) beschrieben.

Weitere Tipps und Tricks für die Praxis

4

In diesem Kapitel …
… stelle ich stichwortartig weitere Praxistipps vor, die – unterteilt in die Bereiche Organisation, Rahmengestaltung und Motivation – das Lernen an Stationen einfacher, für die Schülerinnen und Schüler motivierender und dadurch effektiver machen.
Weitere Methoden, speziell für Klasse 1, für Spaß und Konzentration und zum Abschluss des Lernens an Stationen ergänzen dieses Kapitel.

4.1 Organisation

Einführung

Wenn Ihre Schülerinnen und Schüler noch nie mit Stationen gearbeitet haben, gibt es zur Einführung manche Dinge zu beachten, um die Klasse sanft an diese neue Form des Unterrichts heranzuführen. Folgendes ist wichtig:

- Dauer zu Beginn nur 20 Minuten pro Tag
- Beginn mit nur 4 bis 5 Stationen, die aber ausführlich erklärt worden sind
- Einführung der Lernspiele im vorausgegangenen Unterricht, sodass bestimmte Methoden bereits bekannt sind
- Bei Ertönen eines akustischen Signals (Gong, klatschen) eventuell gemeinsam zur nächsten Station wechseln (Wechsel im Uhrzeigersinn)

Nach einiger Übung wird die Anzahl der Stationen erhöht, Arbeitspässe werden ausgegeben und das starre „Wechseln auf Gongschlag“ bzw. die festgelegte Arbeitsgruppe zugunsten der freien Wahl der Stationen und auch der Sozialform aufgegeben.

Erste Station

Um die erste Station gleich zu Beginn der Arbeit gibt es oftmals ein Gerangel.
Meistens wollen alle Schüler mit der Station anfangen, die ihnen am attraktivsten erscheint.
Um diesen Andrang zu entzerren, gibt es folgende Möglichkeiten:

- die erste Station wird festgelegt (der Lehrer legt fest, welche vier Schüler mit Station 1 beginnen, welche mit Station 2, …), erst ab der zweiten Station darf frei gewählt werden.
- Alternative: auf dem Arbeitspass ist die erste Station markiert (bei vier Schülern ist Station 1 markiert, bei anderen Station 2 usw.), mit dieser Station müssen die jeweiligen Schüler beginnen.
- Vor dem eigentlichen Beginn der Stationen bekommen die Schülerinnen und Schüler eine Aufgabe. Wer mit dieser Aufgabe fertig ist, beginnt mit den Stationen.
- Beliebt ist auch die Rätselform: Jede Schülerin bzws. jeder Schüler bekommt eine Mitteilung in Geheimschrift (z. B. A = 1, B = 2 usw.), aus der man ersehen kann, an welcher Station man beginnt (Bsp.: 19 20 1 20 9 15 14 5 9 14 19 → Station Eins).

Regeln und Rituale

Zu viele Regeln dürfen mit den Kindern nicht vereinbart werden, da dann die Übersicht und die Möglichkeit des Einhaltens verloren geht.
Einsichtig und verständlich sind die folgenden Regeln:

- Jede angefangene Arbeit wird zu Ende geführt und ordentlich aufgeräumt.
- Jeder will lernen, deshalb bin ich leise.
- Ich gehe leise von einer Station zur anderen.

Kinder, die diese Regeln nicht einhalten, dürfen nicht mitarbeiten. Lernen ist ein Privileg (Wir sollten es wieder als ein solches anerkennen!), das den Kindern als bedeutsam vermittelt werden muss.

Wer nicht lernen kann (oder will) bzw. wer die Regeln zum Lernen bricht, darf nicht lernen. Er bekommt keine Materialien, ebenso keine Aufmerksamkeit und muss einige Zeit zuschauen, wie die anderen lernen und ihren Spaß haben dürfen.

Gerade bei der (von sich aus motivierenden) Arbeit an Stationen wird diese Erfahrung nachhaltig genug sein, dass es diesem Schüler (wenigstens) eine Zeitlang leichter fallen wird, gewisse Regeln einzuhalten.

Grundsätzlich gilt aber auch, dass keine Lehrkraft müde werden darf, nicht eingehaltene Regeln im Sitzkreis zu besprechen und die Kinder um Mithilfe zu bitten. Kinder verinnerlichen Regeln nur durch häufiges, beinahe penetrantes Wiederholen dessen, was für einen störungsarmen Ablauf des Unterrichts bzw. des Lernens an Stationen unerlässlich ist.

Ebenso wichtig ist aber auch das Lob bei gelungenem Einhalten aller Regeln. Kinder freuen sich, wenn sie alles „gut" gemacht haben, denn eigentlich will jedes Kind mithelfen, friedlich miteinander zu leben und zu arbeiten. Gerade durch die Arbeit von Hattie (2009) ist die Bedeutung und Notwendigkeit klarer Regeln wieder in den Blickpunkt der Lehrkräfte geraten.

Als Rituale bietet sich an, die Arbeit an Stationen:
- immer zu einer ähnlichen Tageszeit durchzuführen,
- Beginn und Ende der Arbeit durch Musik anzukündigen,
- die Arbeitsdauer zu Beginn mit 20 Minuten, später mit 30 bis 40 Minuten anzusetzen.
- immer nach einigen Unterrichtsstunden Erfolg/Misserfolg/Probleme beim Lernen an Stationen anzusprechen und nach möglichen Lösungen zu suchen.

Quatschmacher während der Arbeit

Manchen Kindern ist das Lernen an Stationen zu offen. Sie wissen nicht, wo sie anfangen sollen, probieren dort, probieren hier und können ihre Konzentration nirgendwo festhaken.

Diese Kinder hindern nicht nur sich selbst am Erleben „offener" Arbeit, sie stören vor allem massiv die anderen Kinder, die ein Recht auf ungestörtes Arbeiten haben.

Diese Kinder brauchen verstärkt die Hilfe der Lehrkraft. Oftmals genügt eine Anordnung, an welcher Station nun zu arbeiten ist, manchmal kommen die Kinder auch durch eine Hand auf der Schulter innerlich zur Ruhe.

In massiveren Fällen wird unruhigen Kindern die Reihenfolge der Stationen vorgegeben. Die Lehrkraft muss in der Nähe bleiben, um bei Störaktionen und abschweifender Arbeitshaltung sofort präsent zu sein.

Viele dieser Kinder kommen erst bei „isoliertem" Arbeiten (auf dem Gang, in einem Nebenzimmer) in eine Arbeitshaltung hinein. Manchmal lässt sich dann beobachten, wie „erleichtert" die Kinder sind, dass ihnen die Quatschmacherrolle „abgenommen" wird.

Leichtere Störungen haben ihre Ursache oft darin, dass Regeln und Rituale noch nicht gut genug gefestigt sind. Hier ist immer wieder die Absprache mit den Schülerinnen und Schülern zu suchen. Gerade bei Grundschulkindern ist es erstaunlich, wie lang man Regeln vorleben muss, bis sie einmal internalisiert sind.

Arbeitsergebnisse

Das Bearbeiten einer Station wird durch ein Kreuz auf dem Arbeitspass angezeigt. Schriftliche Arbeiten werden im Heft notiert. Dabei ist wichtig, dass das Thema der Stationen und die Stationsnummer vermerkt ist. So können Lehrer und Schüler später nachvollziehen, was gearbeitet wurde.

Ideal ist das Anlegen eines Themenheftes bzw. Portfolios:
Alle Arbeiten zu einer Unterrichtseinheit werden gesammelt und zu einem DIN-A4 – Heft gebunden (dicker Karton auf der Vorder- und Rückseite, Ringbindung oder Heftstreifen, auch einfache Bindung mit Wollschnüren möglich). Darin sind dann auch die Arbeiten aus den Stationen integriert.

So entstehen interessante, individuell verschiedene Hefte zu den verschiedenen Sachunterrichtsthemen.

Klassenliste

Um den Überblick über den Arbeitseifer der Schülerinnen und Schüler nicht zu verlieren, finde ich es sinnvoll, im Klassenzimmer einen großen DIN-A3-Plan aufzuhängen, auf dem die Kinder ihre bearbeiteten Stationen ankreuzen. So sehe ich auf einen Blick, wie der Stand der einzelnen Schülerinnen und Schüler ist und bei welchem Kind ich die „Arbeitsmoral" wieder einmal ankurbeln muss. Natürlich müssen die Schülerinnen und Schüler immer wieder dazu angehalten werden, neben dem Ausfüllen des Arbeitspasses auch die öffentliche Klassenliste zu aktualisieren. Vielen gefällt es aber, den Vergleich zu haben, wie weit sie schon gekommen sind. Und manchem „verträumteren" Schüler wird mit Blick auf die Klassenliste klar, dass er sich ein wenig sputen muss. Ich bin inzwischen wieder sehr froh über eine öffentliche Kontrollliste, um das Gefühl zu haben, einen Überblick über den Arbeitsstand der Klasse zu haben.

In den meisten Fällen reicht eine einfache tabellarische Übersicht:

	Station 1	Station 2	Station 3	Station 4	Station 5	Station 6	Station 7	Station 8	Station 9	Station 10
Name 1										
Name 2										
Name 3										
Name 4										
Name 5										
usw.										

Kopien sparen

Um Kopien zu sparen, foliert man alle Stationsmaterialien, auf die etwas geschrieben werden muss. Nun können sie mit wasserlöslichen Folienstiften beschrieben und nach der Lösungskontrolle mit einem feuchten Tuch abgewischt werden. Die folierten Blätter dürfen nicht direkt unter fließendes Wasser gehalten werden, sonst löst sich mit der Zeit die Folie ab. Eine zweite Möglichkeit wäre, eine durchsichtige Folie (normale Kopierfolie) über das zu beschriftende Blatt zu legen und sie mit Wäscheklammern oder eine Klemmschiene aus dem Schreibwarenhandel am Blatt zu befestigen. Die Folie wird dann mit Folienstiften beschrieben und später wieder abgewischt.

Am besten funktioniert das Beschriften folierter Arbeitsblätter mit Whiteboard-Stiften oder Flüssigkreide, da diese trocken abgewischt werden können (die Kinder fahren einfach mit dem Finger darüber).

Klasse 1

Bereits in einer ersten Klasse kann das Lernen an Stationen sinnvoll eingesetzt werden. Hier ist es wichtiger denn je, fächerübergreifend zu arbeiten. Die Stationen bestehen z. B. neben den Sachunterrichtsstationen auch aus Übungen zum neu gelernten Buchstaben, kleinen Lese- und Schwungübungen oder anderen graphomotorischen Lernsequenzen (s. Abb. 26). Auch ist verstärkt darauf zu achten, dass Knet- oder Bastelaufgaben eingesetzt werden, die der Stärkung der Handmuskulatur bzw. allgemein der Feinmotorik dienen.

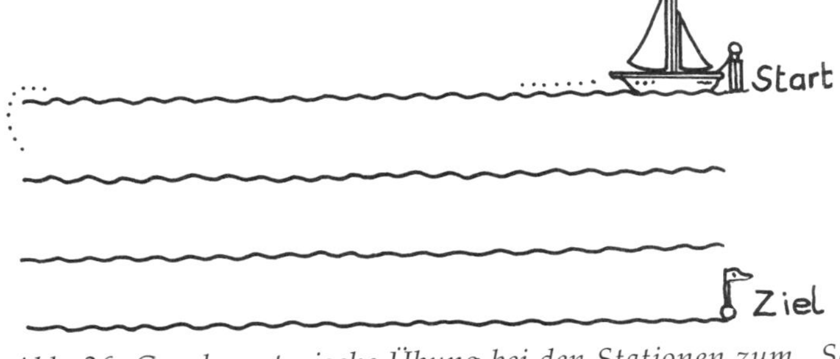

Abb. 26: Graphomotorische Übung bei den Stationen zum „Schwimmen und Sinken"

Alle Stationen müssen symbolisch erklärt sein, sodass kein oder kaum Lesetext zu bewältigen ist und die Aufgabenstellungen durch Bilder verdeutlicht werden.

Des Weiteren sind alle Tipps zu beachten, die bei der Einführung von Stationenarbeit genannt sind (siehe S. 83). Auf jeden Fall lohnt es sich, in der ersten Klasse mit dem Lernen an Stationen anzufangen, da die Kinder sehr aufgeschlossen für diese Arbeitsform sind und deren Regeln und Erfordernisse gut umsetzen können.

Neben den beschriebenen Methoden ab S. 29 eignen sich für die Klasse 1 auch Lernspiele, die mit dem Hören von An- und Endlauten, dem Erlesen von Silben oder dem Erkennen von Wortspuren zu tun haben (siehe S. 87).

Anlautpuzzle

geeignet für: EA/PA

Material: Bilder zum Thema, zerschnitten in Bild und Anlaut/Endlaut

Spielverlauf: Den Karten muss die jeweilige Anlautkarte zugeordnet werden.

Beispiel:
Bild eines Bernhardiners ➔ Karte mit „B“
Bild eines Dackels ➔ Karte mit „D“

Variante: **Endlautpuzzle**
Hier soll der Endlaut heraus gehört werden.

Bild vom Bernhardiner ➔ Karte mit „R“
Bild vom Dackel ➔ Karte mit „L“

Hinweis: Zur Kontrolle kann die Karte jeweils so zerschnitten sein, dass erst beim Zusammenlegen dem Bild der richtige Laut zugeordnet wird.

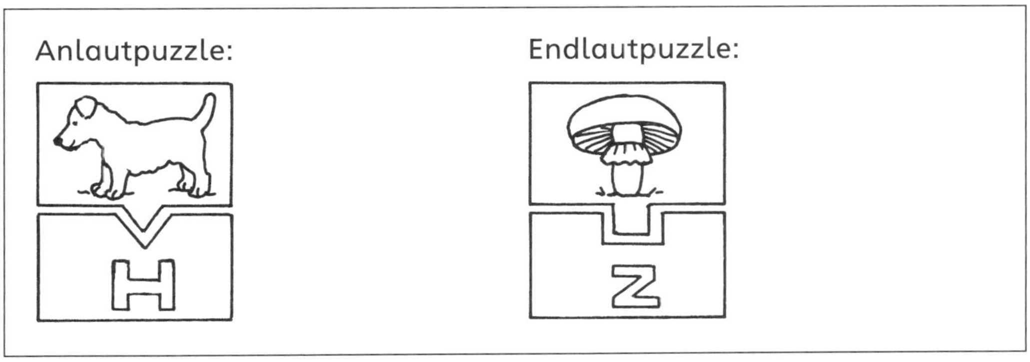

Synthesehäuser

geeignet für: EA/PA

Material: Bilder zum Thema (in Hausform), deren Anfangsbuchstaben (in passender Dachform)

Spielverlauf: Den Bildern sollen die jeweiligen Anfangsbuchstaben zugeordnet werden.
Dabei passt die Karte mit den Anfangsbuchstaben wie ein Dach auf das Haus mit den Bildern (möglich ist auch Pilzstiel und Pilzhut).

Beispiel:

Silbenwörter

geeignet für: EA/PA

Material: Bilder zum Thema mit dem entsprechenden Wort, in zwei Teile zerschnitten

Spielverlauf: Die Bilder sind so in zwei Teile zerschnitten, dass auf jedem Teil eine Silbe des Wortes steht. Zusammengesetzt ergibt sich wieder das ganze Wort zum Bild.
Die Kinder setzen die Karten richtig zusammen.

Beispiel:

Wortspuren

geeignet für: EA/PA

Material: Wortspuren

Spielverlauf: Begriffe zum Thema sind nur als Wortspur vorgegeben. Aus einer Ansammlung von Begriffen muss das passende Wort herausgefunden und in die Wortspur hineingeschrieben werden.

Beispiel:

Boxer 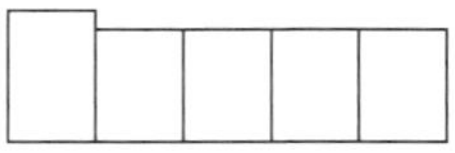

Dackel 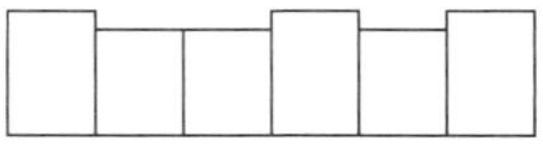

Beteiligung der Schüler

Die Schülerinnen und Schüler können bei der Herstellung verschiedener Stationen mit einbezogen werden:

- Vorlagen ausmalen, die später foliert als Puzzle, Domino, Paar-Spiel, usw. verwendet werden, Wörterlisten anlegen, Karten ausschneiden, und, und, und ...
- Fragen und Antworten zum Thema entwickeln z. B. für Brettspiele oder für Multiple Choice.

Multiple Choice

geeignet für: EA/PA

Material: Blatt mit Fragen und je drei alternativen Antworten

Spielverlauf: Der Spieler muss die richtige Antwort ankreuzen.
Der entsprechende Buchstabe hinter der Antwort führt zu einem Lösungswort.

Arbeitsanweisung: Für das die Aufgabe herstellende Kind: Überlege dir zu dem Lesetext *(Überschrift des Textes einfügen)* verschiedene Fragen und schreibe sie auf. Zu jeder Frage notierst du auch drei verschiedene Antworten. Nur eine dieser Antworten ist richtig, die anderen zwei sind falsch (Achtung: je ähnlicher die verschiedenen Antworten sind, desto schwerer ist die Aufgabe zu lösen).
Nun denkst du dir ein passendes Lösungswort aus. Es sollte aus so vielen Buchstaben bestehen, wie du Fragen hast. Hinter jede richtige Antwort schreibst du der Reihe nach einen Buchstaben deines Lösungswortes. Hinter die anderen (falschen) Antworten schreibst du irgendwelche anderen Buchstaben. Nun ist die Aufgabe fertig und einer deiner Mitschüler kann sie bearbeiten. Wenn er alles richtig gemacht hat, bekommt er dein Lösungswort heraus.
Für das die Aufgabe ausführende Kind: Auf dem Blatt stehen Fragen zum Thema *(Thema einfügen)*. Zu jeder Frage sind drei mögliche Antworten notiert.
Du musst entscheiden, welche Antwort die Richtige ist.
Hinter jeder Antwort steht ein Buchstabe. Wenn du alle Fragen richtig beantwortet hast, ergeben die Buchstaben ein Lösungswort, das mit dem Thema zu tun hat.

Beispiel:

Multiple Coice

Frage 1	Antwort 1	A	
	Antwort 2	T	✓
	Antwort 3	S	
Frage 2	Antwort 1	N	
	Antwort 2	K	
	Antwort 3	O	✓

Lösungswort: T O _ _

Hinweis: Diese Methode ist gut geeignet, um neues Wissen während des Spieles zu erwerben. Die Antworten müssen dann so gestaltet sein, dass eine Antwort eindeutig richtig und die beiden „Alternativen" deutlich falsch sind.

Textaufgaben erfinden

geeignet für: EA/PA

Material: keines

Spielverlauf: Die Kinder erfinden eigene zum Thema passende Textaufgaben. Dabei setzen sie – um die Aufgabe interessanter zu machen – die Namen von Mitschülern, Popstars oder Comic-Helden ein.

Arbeitsanweisung: Für das die Aufgabe herstellende Kind: Hier sollst du selbst (so wie im Beispiel zu sehen) eine Rechenaufgabe erfinden. Vielleicht findest du ja eine Aufgabe, die mit unserem Sachunterrichtsthema zu tun hat. Als Namen kannst du die Namen deiner Mitschüler oder von Popstars verwenden.

Beispiel: Florian Müller (ein Schüler der Klasse) kauft einen Sack Kaninchenfutter und bezahlt 19 Euro.
Wie viel muss er für zwei Säcke bezahlen?
Rechnung:
Antwort:

Weitere Spiele, bei deren Herstellung Kinder helfen können:

- Mit den Augen verbinden (Seite 31)
- Buchstabengitter (Seite 66)
- Selbstlautlos (Seite 33)
- Verstümmelte Wörter (Seite 73)
- Kaspersätze (Seite 34)
- Verkehrte Welt (Seite 54)
- Schüttelwörter (Seite 75)
- kleine Sachtexte werden nach angegebenem Code (z. B. A=1, B= 2) in Geheimschrift „verwandelt" (Seite 60)

Die Kinder sind später umso motivierter, wenn sie beim Puzzle legen oder Fragen beantworten bemerken, dass es ihre eigenen Produkte sind. Auch darf man die Lerneffekte nicht verachten, die bei dieser (ein Produkt entwickelnden) Tätigkeit ablaufen.

Ebenso lassen sich für größere Arbeiten auch die Eltern motivieren. Bei einem Bastelnachmittag können viele Stationenwimpel, Auftragskarten oder Materialien für die Stationen entwickelt werden. Viele Eltern sind erfreut, wenn sie konkret mithelfen dürfen bzw. durch diese Tätigkeit auch erfahren, was und wie ihre Kinder lernen. Durch diese Beteiligung der Kinder und Eltern lässt sich der (enorme) Vorbereitungsaufwand der Lehrkraft sinnvoll verringern. Ebenso möglich ist die Vorbereitung in der Gruppe (Lehrerkollegium bzw. Lehrerteam, Referendare oder Studentengruppen). Jeder bringt Material mit, jeder hat ein paar Ideen, schon steht bereits das Grundgerüst für die Station. So können an ein bis zwei Nachmittagen Stationen zu einem kompletten Sachunterrichtsthema entstehen.

Alle Stationen werden in doppelter Ausfertigung erstellt. Ein Exemplar behält die Lehrkraft, die die Stationen hauptsächlich hergestellt hat, das zweite Exemplar wird im Lehrmittelraum der Schule den anderen Kollegen zur Verfügung gestellt. So existieren nach einiger Zeit viele Stationen, die nicht alle ein Einzelner anfertigen musste.

Nicht zuviel auf einmal

Das Vorbereiten und Herstellen der Stationen ist eine arbeitsaufwändige Sache. Aus diesem Grund sollte man sich als Lehrer nicht zuviel auf einmal vornehmen. Ein bis zwei Sachunterrichtsthemen pro Schuljahr, die als Stationen geplant werden, reichen vollkommen. Das bedeutet nicht, dass nicht öfter Lernen an Stationen durchgeführt werden kann, aber nur ein bis zwei Sachunterrichtsthemen sind eben umfassend als Stationen geplant und ausführlich erstellt worden. Oftmals führe ich Lernen an Stationen zu einem Teilthema durch und erst nach mehreren Durchgängen erwachsen daraus ausführliche und ihrem Name Ehre machende Stationen zum gesamten Sachunterrichtsthema. Aus dieser Erfahrung heraus halte ich ein bis zwei neue Stationenthemen pro Schuljahr für genug. Man stelle sich vor, wie man bei dieser Arbeitsweise innerhalb weniger Jahre doch eine ansehnliche Zahl an fertig einsetzbaren Stationen zur Verfügung hat.

Mit „ausführlich und umfassend geplanten" Stationen ist auch keineswegs gemeint, dass der Anspruch bestünde, dadurch ein Sachunterrichtsthema vollständig erschließen zu können. Es können immer nur exemplarische Teilaspekte eines Themas dargestellt werden. Bei angestrebter Vollständigkeit wäre jedes Lernen an Stationen zu umfangreich und von keinem Kind mehr bearbeitbar.

4.2 Motivation

Experten

Kinder lernen oftmals von anderen Kindern besser oder nehmen Kritik und Vorschläge von Gleichaltrigen eher an. Deshalb ist es sinnvoll, immer zwei Kindern die Verantwortung für eine Station zu übertragen. Sei es, dass diese beiden an der Herstellung der Station beteiligt waren oder eine bestimmte Rätselform besonders gut lösen können (z.B. Kreuzworträtsel). Diese zwei schauen darüber hinaus nach, ob das Material an der Station komplett ist, stehen den anderen Kindern für Fragen und Erklärungen zur Verfügung und kontrollieren eventuell die Lösungen.
Genauer funktioniert dies so:

An jeder Station wird durch zwei Wäscheklammern (mit den Namen von zwei Schülern darauf) markiert, welche zwei Kinder als Experten für diese Station zuständig sind. Hat ein Schüler diese Station bearbeitet, geht er zu einem der Experten und lässt seine Arbeit/seine Lösung kontrollieren. Der Experte setzt nach der Kontrolle seine Unterschrift unter die vorgelegte Arbeit (natürlich schließt das die Selbstkontrolle mancher „einfacher" Aufgaben nicht aus. Dann stehen die Experten eher für Fragen als zur Kontrolle zur Verfügung).

Die Kinder werden als Experten stärker in die Mitverantwortung des Lerngeschehens eingebunden. Auch ein ansonsten schwaches Kind bekommt das Gefühl, an einer Station „Experte" zu sein und seinen Teil zum Lernarrangement beizutragen.

Durch dieses Expertentum ist es möglich, den üblichen erklärenden Rundgang durch die Stationen kurz zu halten, da zu jeder Station bereits zwei Experten vorhanden sind (beim Rundgang durch die Stationen ist die Aufnahmefähigkeit sowieso sehr begrenzt). Vorbereitend hat die Lehrkraft den zwei Experten ihre Station bereits erklärt bzw. hat allen Experten Zeit eingeräumt, sich mit ihrer Station vertraut zu machen.

Jeder Ball zählt

Im Klassenzimmer steht eine Kiste (Obstkiste, Plastikkiste) mit 100 kleinen Plastikbällen (oder 100 Tischtennisbälle, 100 gebrauchte Tennisbälle, ...). Jede Schülerin bzw. jeder Schüler, der eine Station erfolgreich und gut erledigt hat, darf einen Ball aus der Kiste nehmen und ihn in einen daneben stehenden Karton legen. So arbeitet sich die gesamte Klasse immer näher an den „Schatz" heran, ein am Boden der Kiste liegendes Blatt. Auf diesem Blatt ist eine kleine Belohnung notiert (eine Spielstunde, einen Film anschauen, einen kleinen Ausflug unternehmen, ...). So trägt jeder in seinem Maß zum Erfolg der Klasse bei. Achtung: Diese Belohnung gilt als Anerkennung für gutes, sauberes und ordentliches Arbeiten. Deshalb ist es auch wichtig, dass die Lehrkraft für schlampig ausgeführte Arbeiten „keinen Ball erlaubt". Nur so verhindert man, dass manche Kinder durch die Stationen rennen, um möglichst viele Bälle einzuheimsen.

Weitere Aufgaben bereitstellen

Es bietet sich an, die Arbeit an den Stationen mit fünf bis acht unterschiedlichen Stationen zu beginnen und nach zwei Tagen das Stationsangebot weiter zu erhöhen. Dadurch verkürzt sich die (anfängliche) Vorstellungs- und Erklärungszeit, die Kinder kommen schneller zum Arbeiten und freuen sich später immer wieder auf neue Stationen. Dadurch werden auch Stationen, an denen weniger attraktive Arbeiten zu erledigen sind, motivierter bearbeitet.

Schatz-Sammelkiste

Aus einem bemalten oder beklebten Schuhkarton kann leicht eine Schatz – Sammelkiste werden, in der alle zum Thema passenden Fundstücke (Gegenstände, Bilder, Texte, ...) aufbewahrt werden. Die Schatzkiste kann auch durch verschiedene Fächer (eingeklebte Pappstreifen) unterteilt werden.

So gestalten die Schülerinnen und Schüler neben den Stationen her eine individuelle Box mit für sie wichtigen Gegenständen zum Thema.

Am Ende der Unterrichtseinheit muss den Kindern natürlich die Gelegenheit gegeben werden, ihre Schatz-Kisten den anderen zu zeigen (➔ eventuell in eine kleine Ausstellung integrieren).

Methoden, die einfach nur Spaß machen

Im Folgenden werden einige Lernbeispiele vorgestellt, die lehrreich sind, aber auch den Spaß an der Sache nicht zu kurz kommen lassen.

---

64 ABC-Gitter

geeignet für: EA/PA

Material: ABC-Gitter, Liste mit Wörtern aus dem Themenbereich

Spielverlauf: Die vorgegebenen Wörter sollen an der richtigen Stelle im ABC-Gitter eingetragen werden, sodass die umrahmten Felder von oben nach unten das ABC ergeben (X, Y, Q auslassen).

Arbeitsanweisung: Du hast eine Liste mit Wörtern zum Thema *(Thema einfügen)* vorliegen. Versuche alle Wörter aus der Liste so untereinander anzuordnen, dass sich das komplette ABC ergibt. Dabei ist es egal, in welcher Reihenfolge die Wörter verwendet werden oder welcher Buchstabe des Wortes genommen wird. Die Hauptsache ist, dass sich von oben nach unten das ganze ABC ergibt.

Beispiel: Vorgegebene Wörter sind: Halsband, Collie, Hundebett, Polizeihund, Beagle, …

									H	**A**	L	S	B	A	N	D
					H	U	N	D	E	**B**	E	T	T			
										C	O	L	L	I	E	
P	O	L	I	Z	E	I	H	U	N	**D**						
					B	E	A	G	L	**E**						

Hinweis: Kann von Schülern für Schüler erstellt werden (entsprechende Wörter suchen, Gitter zeichnen, ABC eintragen …). Bei schwierigen Buchstaben (C, J, X, Y) ist eventuell die Hilfe der Lehrkraft gefordert.

---

65 ABC-Gedichte

geeignet für: EA/PA

Material: eventuell Lexikon

Spielverlauf: Zu verschiedenen Sachunterrichtsthemen (z. B. Tiere, Pflanzen, Weltraum) können leicht ABC-Gedichte erstellt werden.
Dabei wird zu jedem Buchstaben des Alphabets ein Begriff zum Thema gesucht. Wer schafft es (vielleicht mit Lexikon) zu allen Buchstaben etwas zu finden?

Arbeitsanweisung: Versuche zu jedem Buchstaben des Alphabets ein Wort aus dem Themenbereich *(Thema einfügen)* zu finden. Schreibe die Wörter untereinander auf und gestalte das Blatt mit geeigneten Bildern.
Du darfst auch in einem geeigneten Lexikon nachschlagen.

Beispiel: Blumennamen:
A – Aster
B – Buschwindröschen
C – Chrysantheme
D – Dahlie
E – …

66 Selbst Gedichte schreiben

geeignet für: EA/PA

Material: Eventuell eine Wortsammlung zum Thema als Hilfe

Spielverlauf: Zu allen Themen können von den Kindern selbst Gedichte geschrieben werden. Besonders eignen sich dafür Haiku's und Elfchen.
Haiku's bestehen aus drei Zeilen, bei denen sich keine Zeile reimen muss. Die erste Zeile muss aus fünf Silben bestehen, die zweite aus sieben und die dritte wieder aus fünf Silben. Dabei kann die dritte Zeile einen unvorhergesehenen Schluss beinhalten.
Elfchen bestehen aus elf Wörtern.
Dabei besteht die erste Zeile aus einem Wort, die zweite aus zwei Wörtern, die dritte aus drei, die vierte aus vier und die fünfte Zeile aus einem Wort.
Der letzten Zeile d. h. dem letzten Wort kommt besondere Bedeutung zu, es steht wie eine Art Überschrift am Schluss.

Arbeitsanweisung: Wetten, dass du selbst Gedichte schreiben kannst?
Sammle Wörter und Sätze, die mit dem Thema zu tun haben. Ordne die Wörter und Sätze nach folgendem Schema an:
(Hier, je nachdem, ob ein Haiku oder ein Elfchen gemacht werden soll, entsprechende Anweisung vom Spielverlauf integrieren.)

Beispiel Haiku:
Hunde bellen laut
als ich das Tor öffne,
wedeln sie freundlich

Hinweis: Für manche Kinder kann es hilfreich sein, durch die Vorgabe von Linien auf die Wortanzahl pro Zeile hinzudeuten.

67 Rücken-ABC

geeignet für: PA

Material: Wörter zum Thema

Spielverlauf: Die Kinder schreiben sich gegenseitig Wörter zum Thema auf den Rücken und versuchen, diese zu erraten.

Arbeitsanweisung: Denkt euch Wörter zum Thema *(Thema einfügen)* aus. Schreibe ein Wort, Buchstabe für Buchstabe deinem Partner auf den Rücken. Dein Partner soll erraten, welches Wort gemeint ist.

68 ABC – Hopse

geeignet für: PA

Material: Klebeband, geeignete Buchstaben im Buchstabenquadrat, Wortliste mit zum Thema passenden Wörtern

Spielverlauf: Auf den Boden werden zahlreiche Quadrate mit Klebeband geklebt. In jedem Quadrat steht ein Buchstabe. Ein Kind sucht sich aus seinem Blatt ein Wort aus und erhopst es, ein anderes Kind muss dieses Wort erlesen.

Arbeitsanweisung: Suche dir ein Wort aus der Wortliste heraus, ohne dass dein Partner merkt, welches Wort du dir aussuchst. Hüpfe auf dem Buchstabenquadrat am Boden von einem Buchstaben zum nächsten, bis du das ganze Wort erhopst hast. Dein Partner soll sagen, welches Wort du gemeint hast.

Beispiel: Hundenamen

B	O	R	E	M
U	E	H	N	N
L	A	D	I	S
K	C	J	P	F
P	T	H	G	Z

Lösung: Mögliche Hundenamen:
Bobtail, Bernhardiner, Dackel, Pudel, Rehpinscher, Dobermann, Dalmatiner, Beagle

69 Stechen

geeignet für: PA/GA

Material: Auf 24 Blankokarten werden z. B. verschiedene Hunderassen mit Bild und Namen abgebildet und zusätzlich deren Maximal-Gewicht, Einkaufspreis, Größe und wichtige Besonderheiten notiert.

Spielverlauf: Die Karten werden gleichmäßig an zwei Spieler verteilt. Jeder Spieler hat seine Karten auf einem Stoß vor sich liegen. Ein Spieler nimmt die oberste Karte von seinem Stapel und liest einen Wert von seiner Karte vor (z. B. Preis 300 €). Der andere Spieler nimmt nun ebenfalls seine oberste Karte und vergleicht, welchen Preis sein Hund hat. Hat er einen niedrigeren Preis, bekommt der andere die Karte, ist sein Hund teurer, erhält er vom Mitspieler die Karte. Die Karten werden unten zum Stoß dazu gelegt.
Derjenige, der die Karte gewonnen hat, nimmt die nächste Karte auf und liest wieder einen Wert vor usw.
Gespielt wird 10 Minuten. Sieger ist derjenige, der dann am meisten Karten hat.

Arbeitsanweisung: Verteilt die Karten gleichmäßig und legt sie vor euch hin. Der Jüngere von euch beiden fängt an und liest einen Wert auf seiner obersten Karte vor. Der andere liest denselben Wert auf seiner obersten Karte vor. Wer den besseren (höheren) Wert hat, bekommt beide Karten und legt sie unter seinen eigenen Kartenstapel. Dann wird von der nächsten Karte ein Wert vorgelesen usw. Gewonnen hat, wer nach zehn Minuten die meisten Karten hat.

Zerschnittenes Bild

geeignet für: EA/PA

Material: Bild zum Thema, dasselbe Bild in Puzzlestreifen zerschnitten
Auf einem Blatt ist das Bild zu sehen und direkt darunter das in Streifen zerschnittene und durcheinander angeordnete Bild. Jeder Puzzlestreifen hat eine Nummer.

Spielverlauf: Die Kinder sollen die Reihenfolge der Nummern angeben, um wieder das ursprüngliche Bild zu erhalten. Dabei werden die Puzzleteile nicht ausgeschnitten. Nur mit den Augen soll die richtige Reihenfolge erraten werden.

Arbeitsanweisung: Versuche, das zerschnittene Puzzle in die richtige Reihenfolge zu legen, sodass wieder das komplette Bild entsteht. Aber Achtung, du darfst die Puzzleteile nicht ausschneiden. Nur mit den Augen sollst du entscheiden, welches Puzzleteil wann kommt. Schreibe die Reihenfolge der Puzzleteile auf.

Beispiel:

Originalbild (liegt auf dem Kontrolltisch)

Puzzlestreifen (für die Schüler)

Variante: **Was ist das bloß?**

Material: Bild zum Thema, in Puzzlestücke zerschnitten und durcheinander angeordnet

Spielverlauf: Die Kinder sollen auf einen Blick erkennen, welchen Gegenstand dieses Puzzle darstellt. Dabei dürfen die Teile nicht auseinander geschnitten und zusammen gelegt werden.

Arbeitsanweisung: Ein Gegenstand zum Thema *(Thema einfügen)* ist zerschnitten worden. Erkennst du trotzdem auf einen Blick, was es ist?

Hinweis: Gut geeignet sind Postkarten, die auseinander geschnitten und aufgeklebt werden.

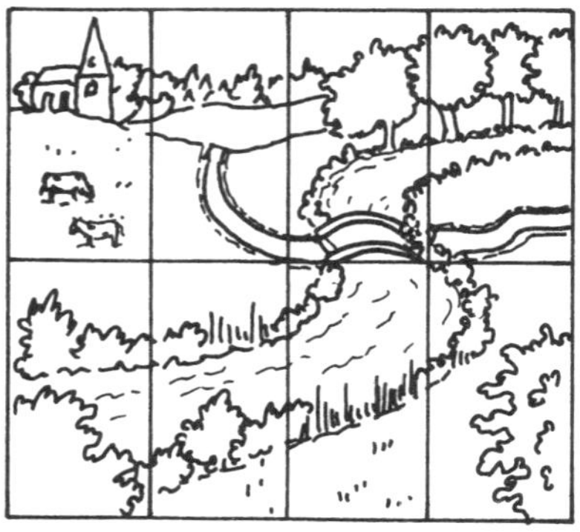

Originalbild
(liegt auf dem Kontrolltisch)

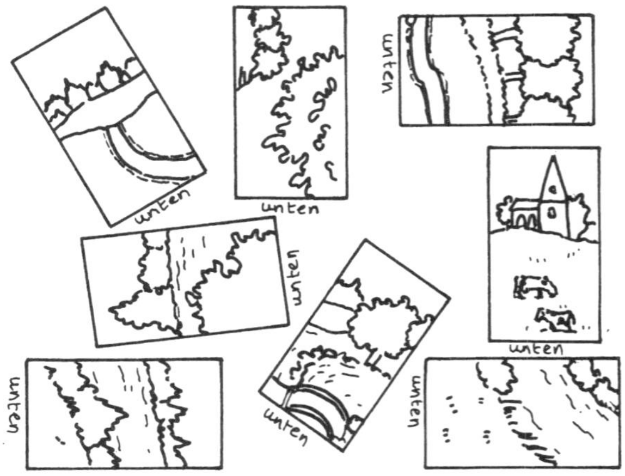

Puzzleteile (für die Schüler)

71 Vergrößerter Ausschnitt

geeignet für: EA/PA

Material: Bilder zum Thema und vergrößerte Ausschnitte davon

Spielverlauf: Die Bilder sind in der Mitte eines Blattes angeordnet.
Am Rand sind die vergrößerten Ausschnitte dieser Bilder zu sehen. Die Kinder sollen die passenden Bilder (Original – Vergrößerung) einander zuordnen.

Arbeitsanweisung: Du siehst immer ein Bild und einen vergrößerten Ausschnitt aus diesem Bild. Welches Bild gehört zu welchem Ausschnitt? Sortiere in die richtige Reihenfolge.

Beispiel:

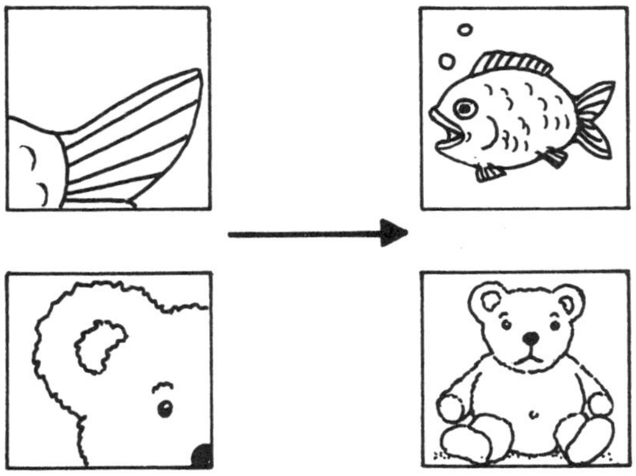

Variante: **Rätselbilder**

geeignet für: EA/PA

Material: Teilbilder von Gegenständen zum Thema

Spielverlauf: Die Gegenstände auf den Bildern sind nur zum Teil abgebildet. Die Kinder sollen erraten, was das Rätselbild darstellt.

Arbeitsanweisung: Die Ausschnitte auf dem Bild haben alle mit dem Thema *(Thema einfügen)* zu tun. Erkennst, was die einzelnen Dinge darstellen. Schreibe den jeweiligen Namen auf.

Beispiel: Teile von verschiedenen Hunderassen,
Teile von städtischen Gebäuden,
halbe Planeten,
Teile von Baumblättern oder auch
halbe Wörter zum Thema (s. unten)

Unser Sonnensystem:

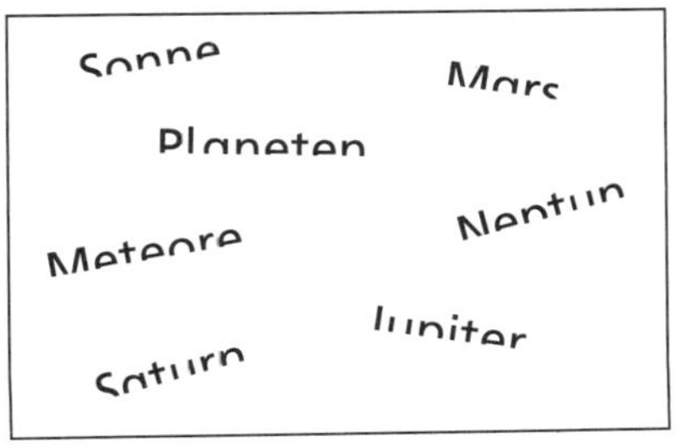

72 Kim-Spiele

geeignet für: PA/GA

Material: diverse Gegenstände zum Thema

Spielverlauf: 10 bis 15 Gegenstände werden auf ein Tablett gelegt. Die Mitspieler schauen sich diese an und prägen sie sich ein. Nach einer Minute wird das Tablett verdeckt und jeder versucht, so viele Gegenstände wie möglich zu notieren.

Arbeitsanweisung: Schaue dir die Gegenstände auf dem Tablett an. Sie haben alle mit unserem Sachunterrichtsthema zu tun. Du hast eine Minute Zeit, um dir alle Gegenstände einzuprägen. Danach wird das Tablett abgedeckt und du versuchst, alle Gegenstände aufzuschreiben.

Variante: Der Spielleiter zeigt die Gegenstände auf dem Tablett wie oben beschrieben. Wieder deckt er ein Tuch darüber und nimmt unter dem Tuch einen oder mehrere Gegenstände weg. Wer kann nach Aufdecken des Tuches die fehlenden Gegenstände nennen?

Variante: **Tast-Kim:** Einige zum Thema passende Gegenstände sind in einem Beutel versteckt. Jeder Mitspieler greift in den Beutel und tastet die Gegenstände ab. Nun schreibt jeder auf, was er ertastet hat.

Variante: **Bild-Kim:** Ein großes Bild, Plakat oder Foto mit Sachverhalt zum Thema wird von den Spielern genau angeschaut. Anschließend wird es mit Papierstreifen vom Spielleiter teilweise abgedeckt. Die Spieler schreiben auf, was jetzt nicht mehr zu sehen ist.

Variante: **Wort-Kim:** 10 Wörter zum Thema stehen an der Tafel. Die Spieler prägen sich die Wörter ein. Nun wird die Tafel weg geklappt. Alle Wörter werden von den Spielern schriftlich erinnert.

Variante: **Satz-Kim:** Spielverlauf wie Wort-Kim, nur das diesmal einfache Sätze aus dem Themenzusammenhang verwendet werden.

Variante: **Rahmen-Kim:** Man benötigt ein Blatt mit Rahmen, in dem Wörter zum Thema geschrieben stehen. Darunter ein leerer Rahmen.
Die Kinder schauen sich die Wörter zwei Minuten lang an und merken sich genau, wo welches Wort steht. Nun wird der obere Rahmen abgedeckt. Die Kinder versuchen, alle Wörter an den richtigen Platz (d. h. so wie im oberen Rahmen) aufzuschreiben.

73 Zerrbilder

geeignet für: EA

Material: Bild zum Thema

Spielverlauf: Das Bild wird von den Kindern in 0,5 bis 1 cm breite Streifen zerschnitten. Diese Streifen werden wieder in der richtigen Reihenfolge zusammengeklebt, aber so, dass sie leicht versetzt zueinander geklebt werden. So entsteht ein Zerrbild, das einen interessanten optischen Effekt ergibt.

Arbeitsanweisung: Ziehe mit Lineal und Bleistift Linien im Abstand von 1 cm auf das Blatt. Schneide die einzelnen Streifen aus. Achte darauf, dass du die Reihenfolge der Streifen nicht veränderst. Klebe die einzelnen Streifen so auf ein großes Papier, dass sie leicht versetzt zueinander angeordnet sind.
Achtung: die Reihenfolge der Streifen darf nicht verändert werden!

Beispiel:

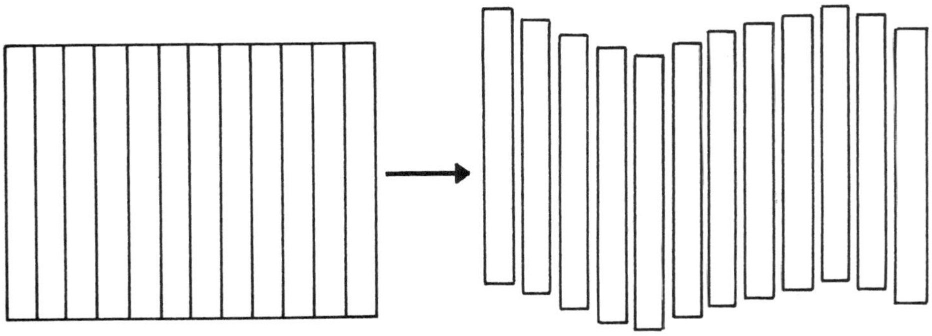

Hinweis: Die Kinder müssen beim Zerschneiden der Bilder darauf achten, dass die Streifen in der richtigen Reihenfolge bleiben.

74 Bild zu zweit

geeignet für: PA

Material: keines

Spielverlauf: Die Kinder versuchen, ein zum Thema passendes Bild zu zweit zu malen. Dabei darf während dem Malen nicht miteinander gesprochen werden. Zu Beginn darf abgesprochen werden, was gemalt wird.

Arbeitsanweisung: Eure Aufgabe ist es, ein Bild zu zweit zu malen, ohne miteinander zu sprechen. Bevor ihr anfangt zu malen, dürft ihr euch überlegen, was ihr malen wollt. Sobald jeder seinen Stift in die Hand genommen hat, darf niemand mehr sprechen und ihr malt zusammen das, was ihr euch ausgedacht habt. Achtet aufeinander und versucht, darauf einzugehen, wenn der andere etwas malt, was euch komisch vorkommt.

Variante: Schwieriger wird das Spiel, wenn beide Kinder den Stift gleichzeitig halten müssen.

75 Bilddiktat

geeignet für: PA

Material: Bild zum Thema

Spielverlauf: Ein Kind schaut verdeckt das Bild zum Thema an. Es beschreibt dem anderen Kind, was es wo in welchen Farben sieht. Dieses versucht, durch dieses „Diktat" das Bild zu malen.

Arbeitsanweisung: Dein Partner schaut ein Bild zum Thema *(Thema einfügen)* an. Er beschreibt dir, ohne dass du das Bild siehst, was er sieht. Du versuchst, das Bild nach seinen Anweisungen zu malen. Wenn du etwas nicht verstanden hast, darfst du bei deinem Partner nachfragen.

76 Halbe Bilder

geeignet für: EA

Material: Bilder zum Thema

Spielverlauf: Die Bilder werden in der Mitte halbiert, auf DIN-A4-Papier aufgeklebt und kopiert. Die Kinder sollen die fehlenden Teile der Bilder ergänzen.
Als Bildvorlagen sind symmetrische Bilder am besten geeignet (z. B. ein halber Baum, ein halber Schmetterling, ein halber Hund von vorne ...).

Arbeitsanweisung: Versuche, das vorliegende halbe Bild so zu ergänzen, dass es symmetrisch ist (dass beide Seiten genau gleich aussehen).

Beispiel:

77 Rechengeschichte

geeignet für: EA

Material: Geschichte mit Zahlwörtern

Spielverlauf: In einer kleinen, zum Thema passenden (aber zumeist sinnlosen) Geschichte sind Zahlwörter versteckt. Die Kinder sollen diese entdecken und alle Zahlen miteinander addieren.

Arbeitsanweisung: In der Geschichte stecken viele Zahlen als Wörter versteckt (z. B. im Wort „Einst" steckt die „Eins"). Deine Aufgabe ist es, alle Zahlen in der Geschichte zu finden und sie miteinander zu addieren. Die Lösung besteht zum Schluss also nur aus einer Zahl.

Beispiel: Einst wollten zwei Hunde sechs Eimer Sand sieben. Ein Wachtmeister wollte helfen. Aber leider wurden die Eimer dreist geklaut. Also spielten die drei auf dem Revier ein bisschen Klavier.

Lösung: 1 + 2 + 6 + 7 + 8 + 11 + 3 + 3 + 4 + 4 = 49

Hinweis: In der Originalvorlage für die Kinder sind die Zahlwörter nicht unterstrichen.

Weitere mögliche Zahlwörter: einsam, Zweige, Schachteln, Schlachter, Rundreise, machte, Wachturm, bezweifeln, Achtung, Schacht, dachten, Gute Nacht, Zehnkampf, …

78 Rechenpuzzle

geeignet für: EA/PA

Material: zerschnittene Postkarte mit Rechenaufgaben, Karton mit entsprechenden Ergebnissen

Spielverlauf: Eine Postkarte mit einem Bild zum Thema wird in neun gleich große Teile zerschnitten. Auf jedem einzelnen Puzzlestück steht das Ergebnis einer Rechenaufgabe. Die entsprechenden Rechenaufgaben stehen auf einem Stück Karton.
Die Kinder legen die richtigen Puzzlestücke auf die passenden Felder auf dem Karton und erhalten so wieder das vollständige Bild der Postkarte.

Arbeitsanweisung: Wenn du die Rechenaufgaben ausrechnest und die richtigen Puzzleteile jeweils auf das entsprechende Ergebnisfeld legst, erhältst du ein Bild zum Thema *(Thema einfügen)*.

Beispiel:

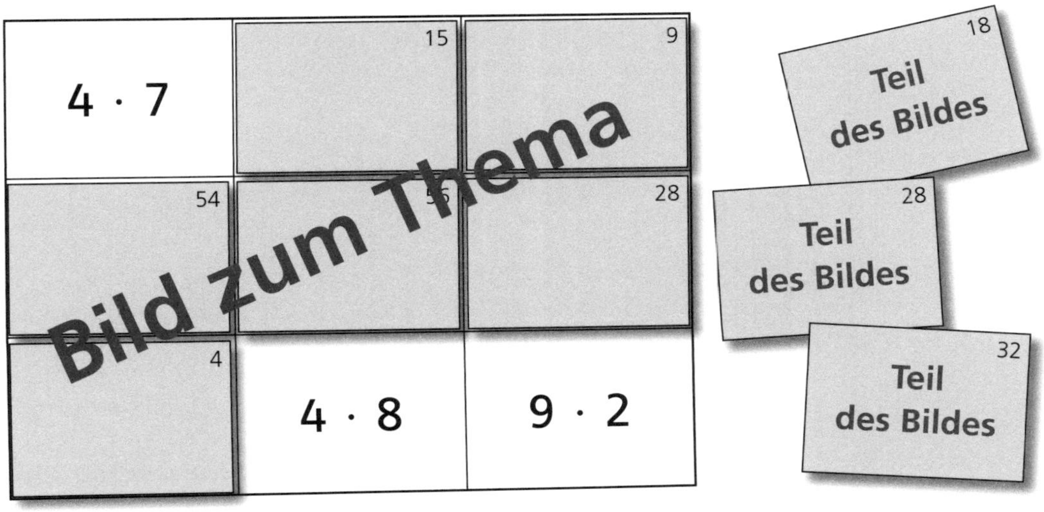

4.3 Rahmengestaltung

Thementisch

Zu jedem Lernen an Stationen bzw. zu jeder Unterrichtseinheit im Sachunterricht gehört ein Thementisch, auf dem zum Thema u. a. passende Bücher, Bilder, Hefte und Gegenstände liegen. Diese können von den Schülern durch selbst mitgebrachte Basteleien/Gegenstände/Malarbeiten ergänzt werden (Abb. 27).

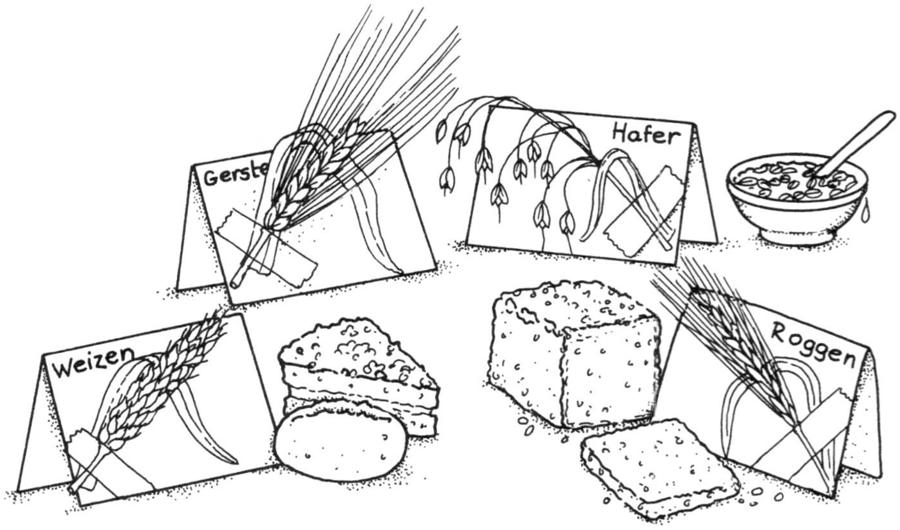

Abb. 27: Ausstellungstisch zum Thema Getreide

In Pausen bzw. als Ausweichstation wird ein Thementisch von den Schülern gerne genutzt. Hier wird geschaut und gelesen, sortiert und aufgestellt und es werden Bastelideen und Malarbeiten geboren, die den Tisch am nächsten Tag weiter bereichern.

Geschichten erzählen

Gerade für jüngere Kinder ist es sehr motivierend, das Lernen an Stationen durch eine Rahmengeschichte einzubetten. Eine Handpuppe erzählt eine frei erfundene, zum Thema passende Geschichte („Jetzt muss ich euch mal erzählen, was mir mit diesem Hund passiert ist"), erklärt die Stationen (und ab und an erklärt sie eine Station völlig falsch ➔ die Kinder korrigieren), lässt sich manche Aufgaben von den Kindern erläutern und zeigt immer wieder durch ihr naiv-neugieriges Fragen neue Aspekte des Themas auf.
Die Kinder können der Handpuppe, die „alle Stationen alleine schaffen muss, oh wie soll ich das denn schaffen?", bei der Arbeit helfen und sie unterstützen.

Ältere Grundschulkinder sind fasziniert, wenn das Sachunterrichtsthema bzw. das Thema der Stationen von einer Abenteuergeschichte umrahmt wird (mögliche Geschichtsidee siehe unten). Die Kinder in der Geschichte erleben nicht nur spannende Abenteuer, sie beobachten und lernen auch zum Thema gehörige Sachaspekte (z. B. Warum ein Schiff schwimmt oder wie das Leben der Bauern im Mittelalter war). So begleiten die Figuren die Arbeit an den Stationen und tauchen vielleicht sogar bei der einen oder anderen Aufgabe auf.
Wenn die Motivation groß genug ist, kann eine solche Geschichte das ganze Jahr im Sachunterricht weitergeführt werden.

Die Burg

Anna und Jannik sind Geschwister. Anna ist in der dritten Klasse und liest gerne Abenteuergeschichten. Am liebsten würde sie selbst einmal solche Abenteuer erleben.
Jannik geht noch in den Kindergarten und will auch all die Abenteuer erleben, von denen Anna immer erzählt.
Aber so sehr sie auch warten und hoffen, es geschieht kein Abenteuer. Anna und Jannik sind einfach zwei ganz normale Kinder wie du oder du.

Eines Tages hören Anna und Jannik, dass die unbewohnte Burg hinter ihrem Dorf verkauft worden ist und bald ein alter Mann einziehen soll.
Aber sie haben das bald schon wieder vergessen – bis eines Tages ein großer Lastwagen durch das Dorf rauscht. Einer? Nein, hinter dem ersten Lastwagen taucht ein zweiter auf, gefolgt von einem dritten, einem vierten ... Eine schier endlosen Reihe von Lastwagen, die alle schwer beladen Richtung Burg fahren.
Als die Straße wieder frei ist, rennen Anna und Jannik so schnell sie können zur Burg. Aber diese ist fest verschlossen, nur von innen können sie ein Gerumpel und Geknatter hören, dass sie ihren Ohren kaum trauen.

Am Abend fragen sie die Eltern, ob sie wissen, wer jetzt auf der Burg wohnt. „Ja, haben wir euch das nicht erzählt, die Burg hat doch Onkel Nick gekauft." „Wer ist denn Onkel Nick?", fragt Anna neugierig. „Na, das ist der Onkel einer Cousine von Mama's Bruder", sagte Papa, aber Anna versteht nur Bahnhof.
„Dann lebt ja jetzt ein Verwandter von uns auf der Burg, uih, das ist ja spannend", ruft Anna und denkt sofort an ihre Abenteuergeschichten.

Am nächsten Morgen stehen sie wieder vor der Burg. Auf dem Turm weht eine bunte Fahne, die gestern noch nicht da gewesen ist. Aus dem Burginneren ist kein Geräusch mehr zu hören.

Plötzlich öffnet sich die Tür und ein kleiner, dünner Mann tritt hervor. Seine langen grauen Haare wehen im Wind. „Ihr müsst Anna und Jannik sein, stimmt's?", fragt er. Die zwei sind so verdutzt, dass sie nur nicken können. „Kommt doch rein, ich habe Kakao und Kuchen da", sagt Onkel Nick und die Kinder folgen ihm in die Burg.

Was es hier alles zu sehen gibt: die Lastwagen haben Möbel und Ritterrüstungen, Schwerter und Teppiche, Kronleuchter und viele andere Dinge angeliefert.
Sie laufen die Gänge entlang. „Wo führen die ganzen Türen hin?", fragt Jannik. „Och", sagte Onkel Nick so nebenher, „dahinter sind Zimmer, in denen du an einen anderen Ort oder in eine andere Zeit versetzt wirst."

Krachbumms – Anna läuft gegen eine Ritterrüstung. „Was sagst du da?", japst sie und hilft, die Einzelteile der Rüstung wieder aufzuheben. „Ja", sagt Onkel Nick, „hier zum Beispiel landest du bei den Dinosauriern und hier im Mittelalter, dort geht's nach China und hier zu einem großen Flugplatz ..." „Könönönnen wiiir dadada mamamal rein?", stammelt Anna aufgeregt. Sie kann schon gar nicht mehr richtig reden. „Na klar", meint Onkel Nick, „aber nur mit mir zusammen und – nicht heute, sonst wird der Kakao kalt."

Die Geschichte dient jetzt im weiteren Verlauf der Hinführung zum Unterrichtsthema: so können exemplarische Erlebnisse an einem anderen Ort/in einer anderen Zeit (z. B. Kennenlernen verschiedener Dinosaurier und deren Charakter) dargestellt werden oder es werden spannende Abenteuer, bei deren Lösung die Kinder mithelfen müssen, erzählt (z. B. Lösungswörter herausfinden, damit eine Höhle/ein Labyrinth frei gelegt wird oder Antwort auf Sachfragen, um einen Dinosaurier zu „beruhigen", usw.). Hier sind der Phantasie keine Grenzen gesetzt. Oftmals geben auch die Kinder die entscheidenden Tipps, wie die Geschichte weitergehen könnte.

Natürlich können auch bekannte Figuren aus der Kinderliteratur als Geschichtsidee dienen. Hier bieten sich vor allem die kleine Hexe, Pippi Langstrumpf oder der Pumuckl an. Der Vorteil besteht darin, dass die Rahmengeschichte und der Charakter dieser Figuren den Kindern bereits hinreichend bekannt sind und diesen Figuren alle erforderlichen Erlebnisse angedichtet werden können.

Frage der Woche

Innerhalb des Lernens an Stationen bzw. der Unterrichtseinheit ergeben sich oftmals knifflige Fragen zum Thema, die die Kinder als „Forscherfragen" mit nach Hause nehmen. Zuhause dürfen Eltern, Großeltern, verschiedene Lexika oder das Internet befragt werden, um eine Antwort auf die „Frage der Woche" zu bekommen. Die Forscherfrage wird am Montag bekannt gegeben und am Freitag im Sitzkreis besprochen. Meist gelangen die Schülerinnen und Schüler zu ein und derselben Meinung, da sie die möglichen Antworten untereinander bereits ausführlich diskutiert haben. Sie arbeiten hierdurch ausdauernd und interessiert über den Unterricht hinaus am Thema weiter. Ganz nebenbei werden erstaunliche Lerneffekte erzielt, die vor allem aus der selbstständigen Wissensbeschaffung resultieren.

Beispiele für Forscherfragen:
- Wie viele Hunderassen gibt es weltweit?
- Warum gibt es alle vier Jahre ein Schaltjahr?
- Wie finden Zugvögel ihren Weg?
- Woraus wird Schokolade gemacht?
- Wie kommen die Streifen in die Zahnpasta?

Eine unerschöpfliche Quelle für interessante Fragen und ausführliche, kindgerechte Antworten bieten die vielen auf dem Markt erhältlichen Frage- und Antwortbücher für Kinder und Jugendliche oder folgende Adressen im Internet:
- www.fragfinn.de,
- www.blindekuh.de,
- www.helles-koepfchen.de,
- www.kids-and-science.de,
- www.tagesspiegelkinder.de/wewetzer/fragen.

Roter Punkt

Um den Kindern vor Augen zu führen, wie groß ihr persönlicher Lernzuwachs durch das Lernen an den Stationen ist, bietet sich die Methode „Der rote Punkt" an (vgl. Wahl 1984, S. 418 ff.):

Jedes Kind bekommt eine Karteikarte, auf der sich neben dem Namen rechts oben ein roter Punkt befindet, in den später der Lernzuwachs eingetragen wird.

Vor Beginn der Arbeit an den Stationen wird die Ausgangsleistung der Schülerinnen und Schüler gemessen (ein Blatt mit Fragen zum Thema, für jede richtig beantwortete Frage gibt es Punkte). Natürlich werden die meisten Kinder hier eine geringe Punktzahl erreichen, da ja erst durch das Bearbeiten der Stationen der geforderte Wissensstand erreicht wird.

Nach Beendigung der Stationen wird von den Schülerinnen und Schülern ein ähnlich schwerer Fragebogen beantwortet und die Punktzahl ermittelt. Die Differenz zwischen der ersten und der zweiten Punktzahl stellt den erzielten individuellen Lernfortschritt dar. So kann gerade schwächeren Kindern vermittelt werden, dass die eigene Anstrengung, das eigene Lernen zu einem Lernerfolg führen.

Natürlich muss den Kindern die Methode vorher genau erklärt werden, sonst sind sie bei der ersten Leistungsmessung angesichts der geringen Punktzahl hoffnungslos frustriert. Aber sie verstehen schnell, je geringer die Punktzahl am Anfang ist, desto größer kann der erzielte Lernzuwachs später sein.

Methoden zum Abschluss

Nach der Bearbeitung der einzelnen Stationen wird versucht, die Quintessenz des Themas noch einmal heraus zu arbeiten (siehe auch S. 11: Arbeitsphasen, Abschluss).

Zur Wiederholung und Auflockerung bieten sich hier zusätzlich einige im Klassenverband durchzuführende Lernspiele an, die den Spaß an der Sache nicht zu kurz kommen lassen. Diese sind im Folgenden beschrieben.

79 Struktur-Lege-Technik

geeignet für: EA/PA

Material: Karten mit Oberbegriffen und Begriffen zum behandelten Thema

Spielverlauf: Die Karten werden in einer sinnvollen Anordnung auf dem Boden ausgelegt (z. B. alle Hunderassen unter dem Oberbegriff „Hunderassen" und alle Aufgabenfelder der Hunde unter dem Oberbegriff „Berufe der Hunde" zusammenlegen).

Arbeitsanweisung: Versuche, alle Karten in eine für dich passende Reihenfolge oder Ordnung zu bringen. Manche der Karten sind Oberbegriffe, d. h. Überschriften, zu denen dann andere Karten wieder dazu passen.
Die Ordnung der Karten kann bei jedem ein wenig anders aussehen. Wundere dich also nicht, wenn deine Karten anders liegen als die deines Mitschülers.

Hinweis: Die Kinder werden verschiedene „richtige" Anordnungen der Karten finden.

Quelle: Wahl 2006, S. 307

80 Sortieraufgabe

geeignet für: EA/PA

Material: Karten mit Begriffen und Schlagwörtern zum behandelten Thema, Lösungsblatt, auf dem alle Begriffe erklärt sind

Spielverlauf: Die Karten werden beim Durchlesen in zwei Stapel („Das weiß ich" und „Das weiß ich nicht") sortiert. Die Karten des „Weiß ich nicht" Stapels werden mithilfe eines beiliegenden Lösungsblattes nochmals bearbeitet.

Arbeitsanweisung: Ordne alle Karten auf zwei Stapel: auf den einen Stapel kommen alle Karten, deren Begriff du kennst. Auf den anderen Stapel kommen alle Wörter, die du nicht so gut kennst. Den Stapel mit den unbekannten Wörtern versuchst du, mithilfe des Lösungsblattes zu verkleinern.

Quelle: Wahl 2006, S. 305

81 Galgenmännchen

geeignet für: GA

Material: Wörter zum Thema, Tafel, Kreide

Spielverlauf: Ein Spieler denkt sich ein zum Thema passendes Wort aus und zeigt den Mitspielern durch Striche die Anzahl der Buchstaben an. Die Mitspieler versuchen, durch Erraten der richtigen Buchstaben das gesuchte Wort zu finden. Alle falsch geratenen Buchstaben bewirken einen Strich am Galgenmännchen. Wer gewinnt?

Arbeitsanweisung: Einer deiner Mitschüler denkt sich ein Wort zum Thema aus und zeichnet so viele Striche an die Tafel, wie das Wort Buchstaben hat. Die anderen Mitschüler dürfen nun raten, welche Buchstaben in dem Wort vorkommen, z. B. ein „A". Kommt dieser Buchstabe vor, wird er an die richtige Stelle an der Tafel hingeschrieben, kommt er nicht vor, entsteht ein Strich beim Galgenmännchen.
Wer gewinnt? Wird zuerst das Galgenmännchen fertig oder erratet ihr vorher das gesuchte Wort?

82 Dingsbums (Dingsda)

geeignet für: PA/GA

Material: Begriffe zum Thema

Spielverlauf: Vorgegebene Begriffe zum Thema werden von einem Spieler erklärt, ohne dass der Begriff selbst genannt werden darf. Die Mitspieler sollen den richtigen Begriff erraten.

Arbeitsanweisung: siehe Spielverlauf

Beispiel: Mein Dingsda ist ein Vogel und an der Brust rot.

Lösung: → Rotkehlchen

83 Partnersuche

geeignet für: PA

Material: Frage- und Antwortkarten

Spielverlauf: Alle Kinder erhalten entweder eine Frage- oder eine Antwortkarte zum Thema. Jede „Frage" muss die richtige „Antwort" finden. Diese zwei Kinder tragen danach ihre Frage und Antwort vor.

Arbeitsanweisung: Alle Kinder bekommt eine Karte. Es ist entweder eine Fragekarte oder eine Antwortkarte zum Thema *(Thema einfügen)*. Jeder versucht nun durch Herumlaufen und Suchen, seinen passenden Partner zu finden. Wer eine Fragekarte hat, sucht also die entsprechende Antwortkarte dazu, wer eine Antwortkarte hat, sucht die Fragekarte.
Am Schluss werden im Sitzkreis die Fragen und Antworten vorgestellt.

84 Schiffe versenken

geeignet für: PA

Material: Ein Koordinatenraster für jeden Spieler (siehe unten), Wörter zum Thema

Spielverlauf: Wörter zum Thema werden von jedem Spieler in ein Koordinatenraster eingetragen. Die Spieler versuchen nun, die „Wort-Schiffe" des anderen durch Angabe der Koordinaten zu treffen und zu versenken. Jedes „versenkte" Wort muss dem Partner in seiner Bedeutung erklärt werden. Ein Spieler darf solange nach einem „Wortschiff" des anderen fragen, bis er nicht mehr trifft.

Arbeitsanweisung: Jeder Spieler trägt zuerst in seinen Plan verdeckt fünf Wörter zum Thema *(Thema einfügen)* ein. Die Wörter dürfen waagrecht und senkrecht, nach Absprache auch diagonal angeordnet sein. Nun fängt ein Spieler an und fragt den anderen nach einem Feld auf seinem Plan, z. B. B5. Hat der Partner dort einen Buchstaben stehen, sagt er „getroffen" und der Partner darf nach weiteren Feldern fragen. Steht dort kein Buchstabe, sagt er „Wasser" und ist nun selbst an der Reihe nach Feldern zu fragen. Wenn ein Spieler ein komplettes Wort bei seinem Partner erraten hat, sagt dieser „versenkt". Nun muss aber derjenige, der das Wort bei seinem Partner versenkt hat, zuerst noch die Bedeutung des Wortes erklären. Erst dann bekommt er für das versenkte Wort einen Punkt. Gewonnen hat, wer am Schluss die meisten Punkte hat.

Beispiel:

Spieler 1

	A	B	C	D	E	F	G	H	I	J
1										
2			P	U	D	E	L			
3					O					
4					G					
5					G					
6					E					
7										
8										
9			B	E	A	G	L	E		
10										

Spieler 2

	A	B	C	D	E	F	G	H	I	J
1					D	O	G	G	E	
2					A					
3					L		H			
4					M		U			
5					A		S			
6					T		K			
7					I		Y			
8					N					
9					E					
10					R					

Hinweis: Ein geeigneter Spielplan ist Kopiervorlage 18 am Ende des Buches.

85 Eulen und Krähen

geeignet für: ganze Klasse

Material: Kreide, richtige und falsche Aussagen zum Thema

Spielverlauf: Vor Spielbeginn werden auf dem Schulhof drei lange Kreidelinien im Abstand von je 6 Metern gezogen. Dann werden zwei Gruppen gebildet, die Gruppe der Eulen und die Gruppe der Krähen. Beide Gruppen stehen sich mit Armlänge Abstand an der mittleren Kreidelinie gegenüber.
Die Lehrkraft formuliert nun Aussagen zum Thema, die entweder richtig oder falsch sind, z. B. beim Thema „Hunde“: „Bernhardiner sind kleine Hunde“ oder „Hunde muss man einmal am Tag füttern“.
Bei einer falschen Aussage werden die Eulen zu Fängern und versuchen, die Krähen zu fangen, die so schnell als möglich die hinter ihnen liegende Kreidelinie erreichen müssen. Bei einer richtigen Aussage werden die Krähen zu Fängern.
Gefangene Kinder wechseln in die andere Gruppe.

Arbeitsanweisung: siehe Spielverlauf

Quelle: Cornell 1991, S. 74

86 Alle Vögel fliegen hoch

geeignet für: ganze Klasse

Material: Stuhlkreis

Spielverlauf: Ein zum Thema passender Oberbegriff wird festgelegt (z. B. alle Planeten fliegen hoch).
Ein Kind ruft nun: „Alle Planeten fliegen hoch, der Mars fliegt hoch, der Jupiter fliegt hoch, die Sonne fliegt hoch usw.“ und wirft bei jedem „fliegt hoch“ die Arme hoch.
Die anderen Kinder dürfen die Arme aber nur dann hoch nehmen, wenn wirklich ein Planet genannt wird. Wird kein Planet genannt, müssen die Arme unten bleiben (z. B. bei „Sonne fliegt hoch“). Wer es falsch macht, muss eine Runde aussetzen.

Arbeitsanweisung: siehe Spielverlauf

87 Schreibstaffel

geeignet für: PA

Material: keines

Spielverlauf: Jedes Kind schreibt möglichst viele Wörter/Begriffe zum Thema auf ein Blatt Papier. Danach wird das Blatt an den nächsten Schüler weitergegeben, dieser muss zu jedem Begriff einen erklärenden Satz schreiben.

Arbeitsanweisung: Schreibe zuerst möglichst viele Wörter und Begriffe zum Thema *(Thema einfügen)* auf. Gib dann das Blatt an deinen Partner weiter. Dieser soll zu jedem Begriff einen erklärenden Satz schreiben. Du schreibst derweil eine Erklärung zu jedem Wort deines Partners. Besprecht abschließend gemeinsam, ob ihr alle Wörter richtig erklärt habt.

88 Nacherzählt

geeignet für: GA

Material: 4 bis 6 Wortkarten mit Stichwörtern aus einem Infotext der zuvor bearbeiteten Stationen.

Spielverlauf: Ein Kind liest die erste Wortkarte vor. Wer sich aufgrund dieses Stichwortes an Einzelheiten des in der Station bearbeiteten Textes erinnert, soll sich äußern.
Dann folgt die zweite Karte. Nun erinnern sich manche vielleicht an weitere Details aus dem Text. So wird Stück für Stück der ganze Text nacherzählt und wiederholt.

Arbeitsanweisung: siehe Spielverlauf

89 Leseübungen

geeignet für: GA

Material: Text zum Thema

Spielverlauf: Ein Informationstext oder eine Geschichte aus den Stationen wird noch einmal gemeinsam gelesen. Danach

- erzählt die Lehrkraft den Text falsch oder hat etwas nicht verstanden
  ➔ die Schülerinnen und Schüler korrigieren,
- werden erste Buchstaben der Wörter aus dem Text an die Tafel geschrieben
  ➔ die Schülerinnen und Schüler erraten die Wörter,
- wird der gelesene Text als Lückentext ausgeteilt
  ➔ die Schülerinnen und Schüler ergänzen die fehlenden Wörter,
- werden Fragen zum Text beantwortet,
- werden Kreuzworträtsel oder andere Spiele zum Text durchgeführt,
- wird der Text als Rollenspiel aufgeführt, ein Bild gemalt oder eine Collage gestaltet,
- müssen die Kinder bei bestimmten Wörtern aufstehen.

Arbeitsanweisung: je nach Variation, siehe Spielverlauf

90 Wortsuchspiel

geeignet für: PA/GA/ganze Klasse

Material: Spielplan (16 bzw. 25 Felder mit Buchstaben) groß an der Tafel bzw. als Folie auf dem OH-Projektor, zum Thema passende Wortkarten

Spielverlauf: Ein Kind nimmt verdeckt eine Wortkarte (z. B. Dackel) und tippt das Wort auf dem Spielplan. Die anderen Kinder müssen mitlesen und erraten, wie das Wort heißt. Anschließend soll die Bedeutung des Wortes erklärt bzw. erlerntes Wissen zu dem Begriff genannt werden.

Arbeitsanweisung: siehe Spielverlauf

Beispiel:

L	B	R	E
H	N	E	D
S	X	I	A
O	G	C	K

91 Ich packe meinen Koffer

geeignet für: GA/ganze Klasse

Material: Begriffe und Wörter zum Thema

Spielverlauf: Nach dem bekannten Kinderspiel werden Begriffe zum Thema in den Koffer gepackt und müssen von allen Mitspielern immer wieder wiederholt werden.

Arbeitsanweisung: Alle Schülerinnen und Schüler sitzen im Sitzkreis. Einer beginnt und sagt: „Ich packe meinen Koffer und nehme ein *(Wort/Begriff aus dem Themenbereich einfügen)* mit." Der rechte Nachbar macht weiter und sagt: „Ich packe meinen Koffer und nehme *(hier wiederholt er das zuerst genannte Wort und fügt ein zweites dazu)* mit". So geht es immer weiter.

92 Cluster

geeignet für: EA/PA/GA

Material: Papier und Stift

Spielverlauf: Die Kinder schreiben das Thema in die Mitte eines Blattes und notieren sternförmig alle Begriffe darum, die ihnen zum Thema einfallen oder in denen das Wort aus der Mitte vorkommt.

Arbeitsanweisung: Schreibe das Thema groß in die Mitte des Blattes. Alle Begriffe und Wörter, die dir zu diesem Thema einfallen oder die mit diesem Thema zu tun haben, schreibst du kreisförmig darum herum.
Vielleicht gelingt es dir auch, zuerst Oberbegriffe zu notieren, die dann wieder genauer aufgetrennt werden.

93 Der große Preis

geeignet für: PA/GA/ganze Klasse

Material: Karten mit Fragen zum Thema, Karten mit Oberbegriffen und Karten mit Zahlen.

Spielverlauf: An einer Tafel/Pinnwand hängen die Karten mit den Oberbegriffen waagrecht nebeneinander, die Karten mit den Zahlen senkrecht untereinander. Die Fragekarten werden nun verdeckt den entsprechenden Oberbegriffen und Zahlen (leichte Fragen = niedrige Zahlen, schwere Fragen = hohe Zahlen) zugeordnet.
Ein Kind sucht sich nun einen Oberbegriff und eine Zahl aus (z. B. Hunderassen 20) und beantwortet die dort versteckte Frage. Beantwortet es sie richtig, erhält es die Punktzahl entsprechend der Zahl.

Arbeitsanweisung: An der Tafel hängen verdeckt viele Fragekarten. Sie sind in verschiedene Bereiche unterteilt. Je höher die Punktzahl ist, umso schwieriger werden die Fragen.
Du suchst dir aus irgendeinem Bereich eine Fragekarte aus und versuchst sie zu beantworten. Ist die Antwort richtig, bekommst du die Punktzahl gutgeschrieben, ist die Antwort falsch, macht ein anderer Schüler weiter.
Wer hat am Ende die meisten Punkte?

Beispiel:

	10	20	30
Hunderassen		Wie viele Hunderassen gibt es ungefähr?	
Hunde-Pflege			
Hunde-Berufe			

94 Punkte sammeln

geeignet für: GA /ganze Klasse

Material: Blatt mit (wahren oder falschen) Aussagen zum Thema (z. B. ein Bernhardiner ist größer als ein Kalb), für jeden Spieler eine rote und eine grüne Karte

Spielverlauf: Der Spielleiter liest die (wahren oder falschen) Aussagen zum Thema vor. Die Mitspieler halten entweder ihre roten (= diese Aussage ist falsch) oder grünen (= diese Aussage ist richtig) Karten nach oben. Wer recht hat, bekommt einen Punkt.

Arbeitsanweisung: Ihr bekommt jeder eine rote und eine grüne Karte. Der Lehrer oder die Lehrerin liest nun verschiedenen Aussagen zum Thema vor. Du musst entscheiden, ob die Aussage richtig ist (dann hebst du die grüne Karte hoch) oder falsch ist (dann hebst du die rote Karte hoch). So merkst du, wie viel du über das Thema weißt. Wer richtig liegt, bekommt einen Punkt. Wer die meisten Punkte hat, hat gewonnen.

95 Netzwerk

geeignet für: GA /ganze Klasse

Material: zentrale Begriffe des Themas, auf Karten geschrieben

Spielverlauf: Jedes Kind bekommt eine Karte und vergewissert sich mit seinem Nachbarn, ob es etwas zu dem Begriff sagen kann. Danach beginnt ein beliebiger Schüler mit der Erklärung seines Begriffes. Der Schüler, der meint, sein Begriff passe zu dem zuerst Erklärten, fährt mit seinem Begriff fort usw. Wer fertig ist, legt seine Karte sichtbar vor sich hin.

Arbeitsanweisung: siehe Spielverlauf

Quelle: Wahl 2006, S. 296

96 Partnerinterview

geeignet für: PA

Material: Frageblatt zum Thema, Lösungsblatt

Spielverlauf: Ein vorbereitetes Frageblatt zum behandelten Thema wird von den Kindern in Partnerarbeit beantwortet. Dabei wechseln sich die Kinder mit den Fragen und Antworten ab. Wenn beide Kinder die Antwort nicht wissen, steht ein Blatt mit sinngemäßen Antworten zur Verfügung.

Arbeitsanweisung: Dein Partner und du bekommen ein Blatt mit Fragen zum behandelten Thema. Abwechselnd liest einer dem anderen eine Frage vor. Der Partner beantwortet die Frage.
Wenn keiner die Antwort weiß, dürft ihr auf dem Antwortblatt nachschauen.

Quelle: Wahl 2006, S. 298

97 Kugellager

geeignet für: PA

Material: Fragen zum Thema

Spielverlauf: Die Kinder sitzen sich in einem Innen- und Außenkreis so gegenüber, dass jeder immer einen Ansprechpartner hat. Nun stellt die Lehrkraft Fragen zum Thema, die von den beiden Kindern wechselseitig beantwortet werden. Nach zwei bearbeiteten Fragen bewegen sich die Kinder in entgegen gesetzter Richtung weiter, sodass jeder einen neuen Gesprächspartner hat. Auf diese Weise können auch kontroverse Diskussionen zum Thema geführt werden („Was hältst du von ...).

Arbeitsanweisung: siehe Spielverlauf

98 Wörter raten

geeignet für: PA/GA

Material: geeignete Wörter zum Thema

Spielverlauf: Der Spielleiter überlegt sich ein Wort zum Thema (z. B. Westhighland-Terrier) und nennt den ersten Buchstaben, also „W“. Reihum nennen die Mitspieler ein eventuell passendes Wort mit diesem Buchstaben. Ist das gesuchte Wort noch nicht dabei, nennt der Spielleiter den zweiten Buchstaben des Wortes (also „e“). Wieder raten die Spieler, bis einer das gesuchte Wort findet.

Arbeitsanweisung: siehe Spielverlauf

99 Glücksrad

geeignet für: GA

Material: Fragekarten zum Thema, passende Antwortkarten, Glücksrad

Spielverlauf: Die Antwortkarten werden gleichmäßig an alle Mitspieler verteilt. Ein Spieler dreht das Glücksrad. Je nachdem, in welchem Feld das Rad stehengeblieben ist, greift der Spieler in einen roten oder weißen Korb. In diesen befinden sich Fragekarten zum Thema. Der Spieler liest die Frage vor.
Alle Spieler schauen nun, ob sie die richtige Antwortkarte vor sich liegen haben. Derjenige, der die richtige Antwortkarte auf die Frage hat, steht so schnell als möglich auf.
Je nach Fragestellung können vielleicht auch mehrere Antwortkarten richtig sein (z. B. Frage: Eine Hunderasse mit „B"?, Antwortkarten: „Beagle", „Bernhardiner" u. a.). Derjenige, der zuerst aufgestanden ist und die richtige Antwort nennt, darf als nächster am Glücksrad drehen.

Arbeitsanweisung: Jeder bekommt eine Antwortkarte, die er vor sich hin legt.
Ein Spieler dreht das Glücksrad und nimmt – je nach erreichtem Feld – aus dem weißen oder roten Korb eine Fragekarte heraus und liest die Frage vor. Derjenige, der die passende Antwortkarte zu dieser Frage hat, steht so schnell als möglich auf.
Achtung: Manchmal können auch mehrere Antworten auf eine Frage richtig sein. Es kommt also darauf an, möglichst schnell aufzustehen. Wenn die Antwort richtig war, darf dieser Spieler als nächster das Glücksrad drehen.

Beispiel:

Herstellung des Glückrades: Eine alte Fahrradfelge wird auf einer Sperrholzplatte (ca. 100 cm x 80 cm, 8 mm dick) montiert, durch Rundhölzer oder lange Messingschrauben (5 mm x 80 mm) werden entlang der Felge 12 Felder abgeteilt und diese abwechselnd rot und weiß bemalt (siehe linkes Bild).
Steckt man durch das Ventilloch der Felge eine zusammengerollte Spielkarte oder einen dickeren Plastikschlauch so hindurch, dass sie über die Felge hinausragt, ist das Glücksrad fertig (siehe rechtes Bild).
Dreht man nun die Felge, „schraddert" die Spielkarte/der Plastikschlauch an den Rundhölzern (Messingschrauben) entlang und verlangsamt die Drehgeschwindigkeit. Irgendwann bleibt das Rad dann stehen und die Spielkarte zeigt auf ein rotes oder weißes Feld.

Hinweis: Die Fragekarten im weißen und roten Korb können im Schwierigkeitsgrad variiert sein (z. B. im weißen Korb einfache Fragen, im roten Korb schwere Fragen).

100 Gruppenturnier

geeignet für: GA

Material: Fragekarten, Antwortblatt

Spielverlauf: Immer drei Mitspieler sitzen kreisförmig zusammen und bekommen Frage- und Antwortkarten zum Thema. Die Fragekarten werden gleichmäßig verteilt. Der erste Spieler liest eine Frage vor, der Spieler rechts neben ihm beantwortet die Frage, der dritte Spieler kontrolliert mit dem Antwortblatt, ob die Antwort richtig ist. Dann liest der nächste seine Fragen vor, der rechte Nachbar antwortet, der dritte kontrolliert usw.

Arbeitsanweisung: siehe Spielverlauf

Quelle: Huber 1985

101 Gute Frage

geeignet für: EA

Material: Papier und Stift

Spielverlauf: Jedes Kind schreibt eine Frage zum Thema auf ein Blatt Papier (und schreibt in eine Ecke seinen Namen dazu). Auf ein zweites Blatt Papier schreibt es die ausführliche und richtige Antwort zu seiner Frage.
Die Frageblätter werden eingesammelt, gemischt und wieder an jedes Kind verteilt, sodass jeder die Frage eines anderen Kindes vor sich liegen hat. Jeder beantwortet diese Frage schriftlich und geht danach zum „Autor" der Frage. Gemeinsam wird kontrolliert, ob die Antwort richtig ist. Falsche Antworten werden korrigiert.

Arbeitsanweisung: siehe Spielverlauf

102 Buchstabensuppe

geeignet für: PA

Material: Papier und Stift

Spielverlauf: Ein Partner denkt sich ein Wort aus dem Themenbereich aus und schreibt dessen Buchstaben kreuz und quer auf ein Blatt Papier. Der andere versucht, das Wort zu erraten. Hat er es heraus bekommen, sollen beide die Bedeutung des Wortes erklären.

Arbeitsanweisung: siehe Spielverlauf

Beispiel:

Y R T S

A N A U

N O S R

U

Lösung: ➔ Tyrannosaurus

Weitere geeignete Lernspiele, die bereits weiter vorne beschrieben wurden:

- Adventskalender (Seite 41)
- Bingo (Seite 82)
- ABC-Gitter (Seite 93)
- Selbstlautlos (Seite 33)

Laufzettel

Station 1 ◯

Station 2 ◯

Station 3 ◯

Station 4 ◯

Station 5 ◯

Station 6 ◯

Station 7 ◯

Station 8 ◯

Station 9 ◯

Station 10 ◯

Station 11 ◯

Station 12 ◯

Name: ____________________

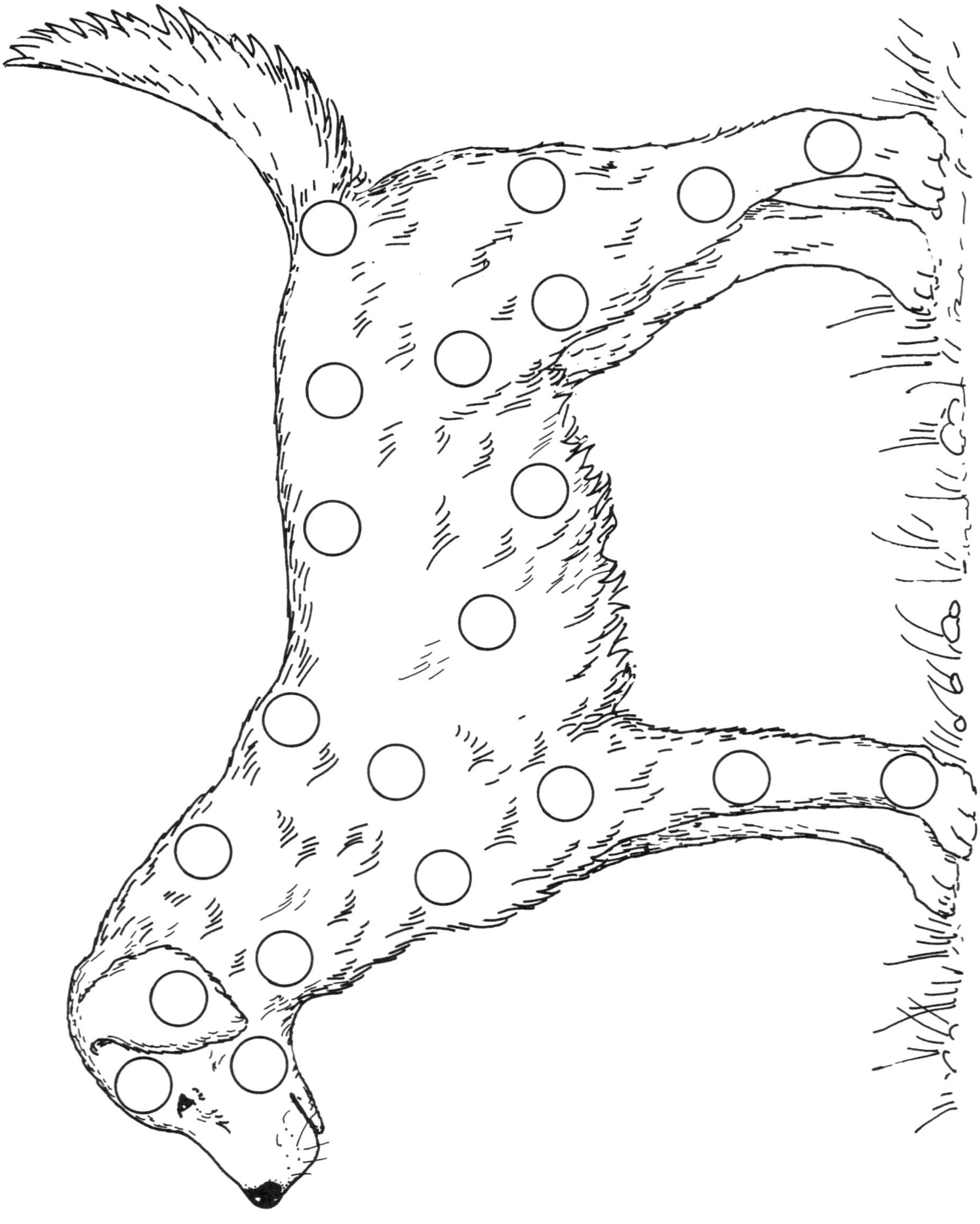

Hunde

 Name: ______________________

Feuer

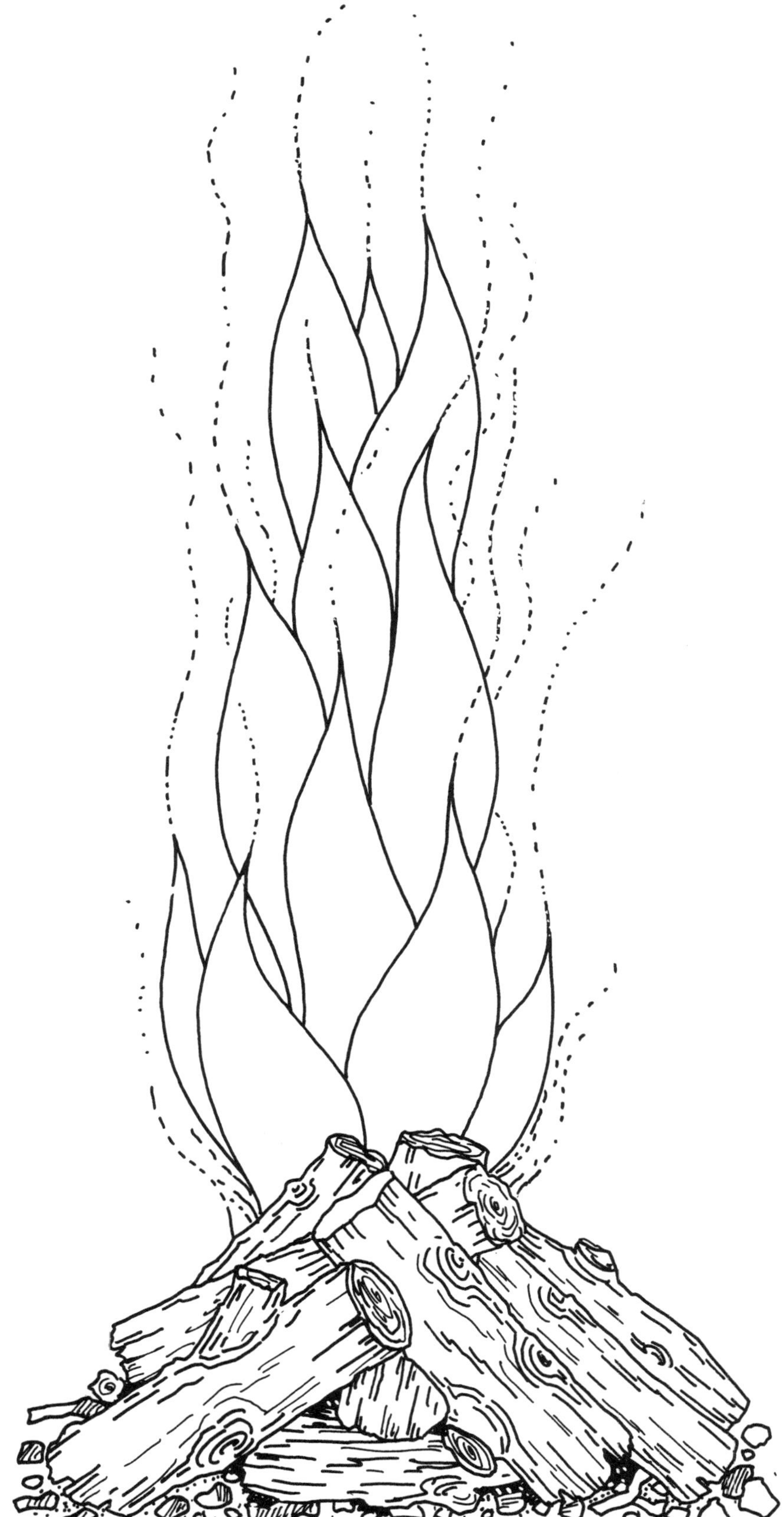

Getreide

- **Station 1:** Getreidearten unterscheiden
  (Ordne die verschiedenen Gegenstände und Karten einander richtig zu. Versuche anschließend, das ausgelegte Blatt auszufüllen.)
- **Station 2:** Getreidearten kennen lernen
  (Ziehe ein Loskärtchen. Lies den passenden Infotext aufmerksam durch. Beantworte das beiliegende Aufgabenblatt.)
- **Station 3:** Getreidearten blind voneinander unterscheiden
  (Ertaste die Getreidekörner in den verschiedenen Boxen und stelle das richtige Namensschild dazu.)
- **Station 4:** Beim Abmalen die Unterschiede von Gerste und Hafer erkennen
  (Zeichne eine Gerstenähre oder eine Haferrispe.)
- **Station 5:** Getreideprodukte der Getreideart zuordnen
  (Ordne die einzelnen Getreideprodukte der richtigen Getreideart zu.)
- **Station 6:** Würfelspiel zum Thema Getreide, dabei werden die Karten folgendermaßen angeordnet:

	mahlen		*Brot backen*	
Weizenkörner	→	Vollkornschrot	→	Vollkornbrot
	↓			
	sieben		*Brot backen*	
Schale, Kleie	← →	Weißmehl	→	Weißbrot

- **Station 7:** Kartenspiele zu den Getreidearten, Ernte und Verarbeitung
  (Paar-Spiel, Zuordnung Text- und Bildkarte und Ordnen in der richtigen Reihenfolge: vom Korn zum Brot)
- **Station 8:** Die Begriffe „Ar“ und „Hektar“ kennen lernen
  (Lies den kurzen Infotext und bearbeite anschließend die Aufgaben.)
- **Station 9:** Wortfamilie „backen“
  (Wörter der Wortfamilie „backen“ sammeln und nach dem Alphabet ordnen.)
- **Station 10:** Redensarten rund ums Brot
  (Nimm die Karten und lege immer die zwei passenden zusammen.)
- **Station 11:** Getreideernte früher und heute
  (Lies den Text und schreibe die passenden Wörter in die Lücken. Rechne anschließend die Aufgaben auf dem Blatt „Ernte früher und heute – Sachrechnen“.)
- **Station 12:** Brettspiel mit Frage- und Ereigniskarten zum Thema „Getreide“

Laufkarte – Getreide

Station 1: Kreuze an:
○ alle Dinge richtig zugeordnet
○ die meisten Dinge richtig zugeordnet
○ Arbeitsblatt am Lösungstisch kontrolliert

Station 2: Ich habe den Text über ____________________ gelesen.

Station 3: Kreuze an:
○ alle Getreidearten erraten
○ manche Getreidearten erraten

Station 4: Ich habe eine ____________________ abgemalt.

Station 5: Schreibe in jeden Stern, was zusammen gehört.

Name: ______________________

Station 6: Trage die richtigen Begriffe ein.

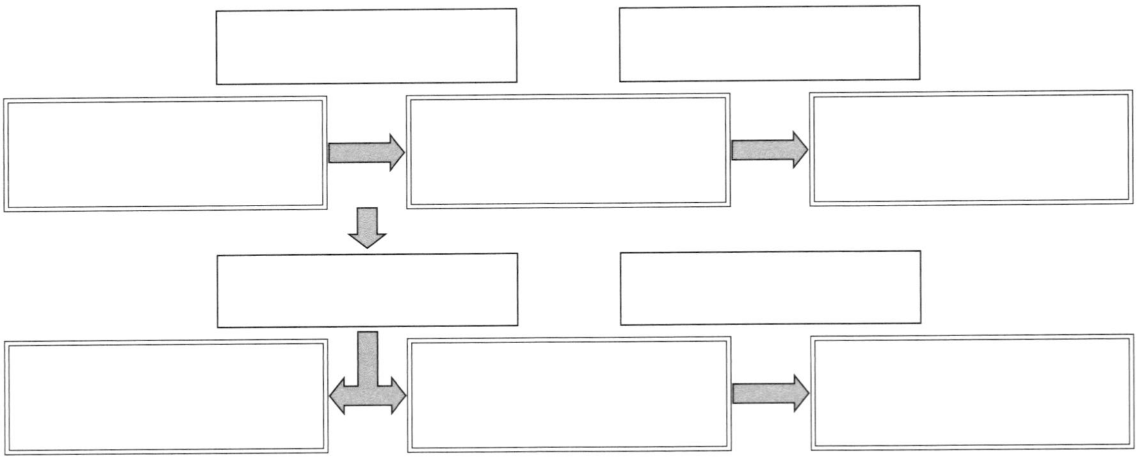

Station 7: Kontrolliere beim Partnerspiel die Reihenfolge am Lösungstisch.

Station 8: Ein Ar sind __________ Quadratmeter,

ein Hektar sind __________ Quadratmeter.

Station 9: Schreibe hier das längste Wort auf, das du gefunden hast:

____

Station 10: Schreibe hier eine Redensart auf, die dir besonders gefällt:

____

____

____

Station 11: Kontrolliere beide Blätter am Lösungstisch.

Station 12: Beim Spiel habe ich __________ Fragekarten richtig beantwortet.

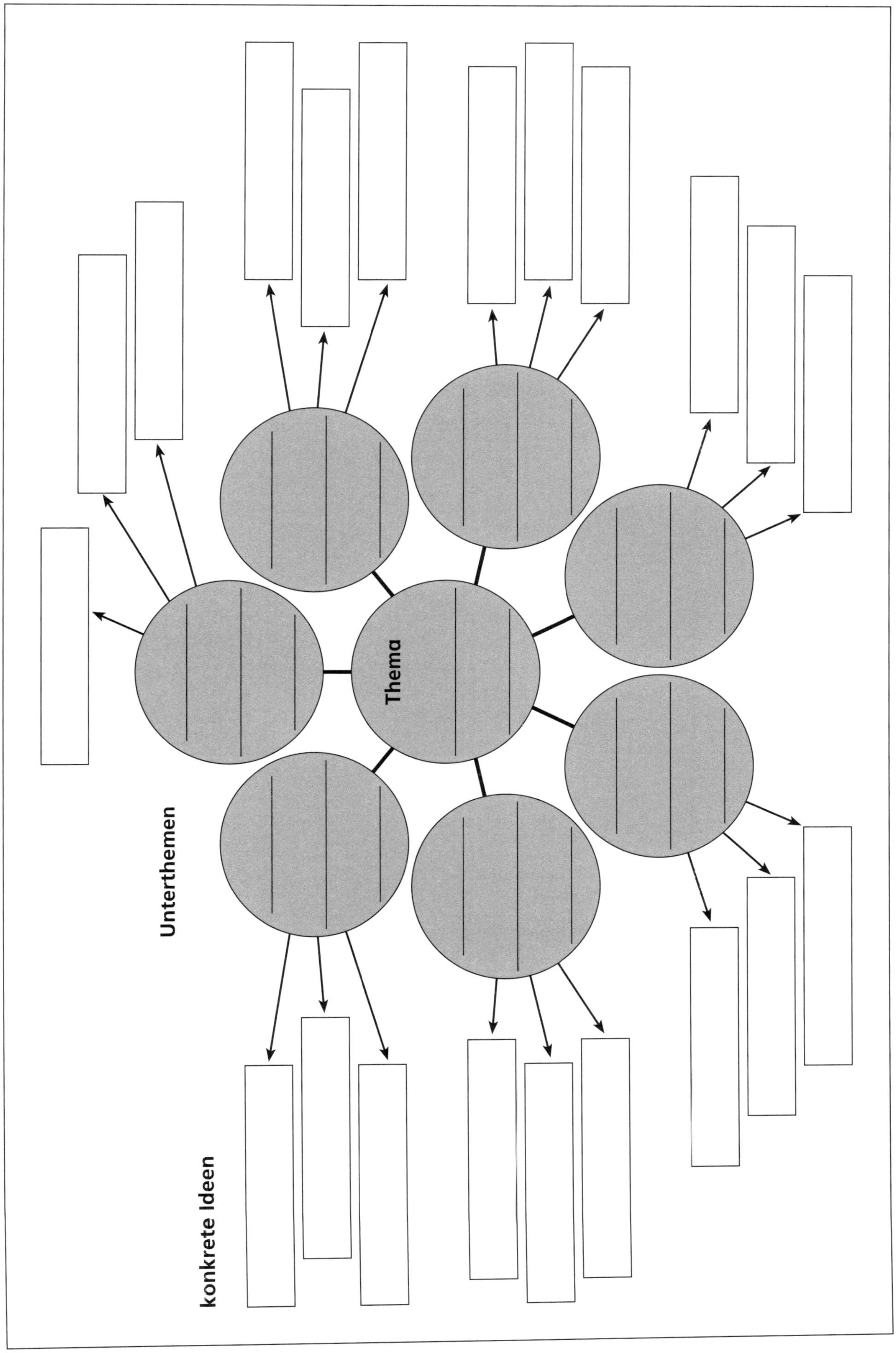
Thema
Unterthemen
konkrete Ideen

Name: ______________________________

Unser nächstes Thema:

Dinosaurier

Das weiß ich schon:

Das will ich wissen:

Übersichtstabelle der Stationen

Thema: ______________________

Nr. der St.	Unterthema/ Titel der Station	Lernangebot (Lesetext, Bastelei, malen, Experiment, Zuordnungs-aufgabe, besondere Station, handelndes Tun)	methodische Verarbeitung durch …	Kontrolle durch …	benötigtes Material	Status der Station (Pflicht = P Zusatz = Z) Sozialform, Fachbezug

Wörterliste und Schablonen

Wörterliste

Schablone 1

Schablone 2

Name: ______________________________

Fußballquiz

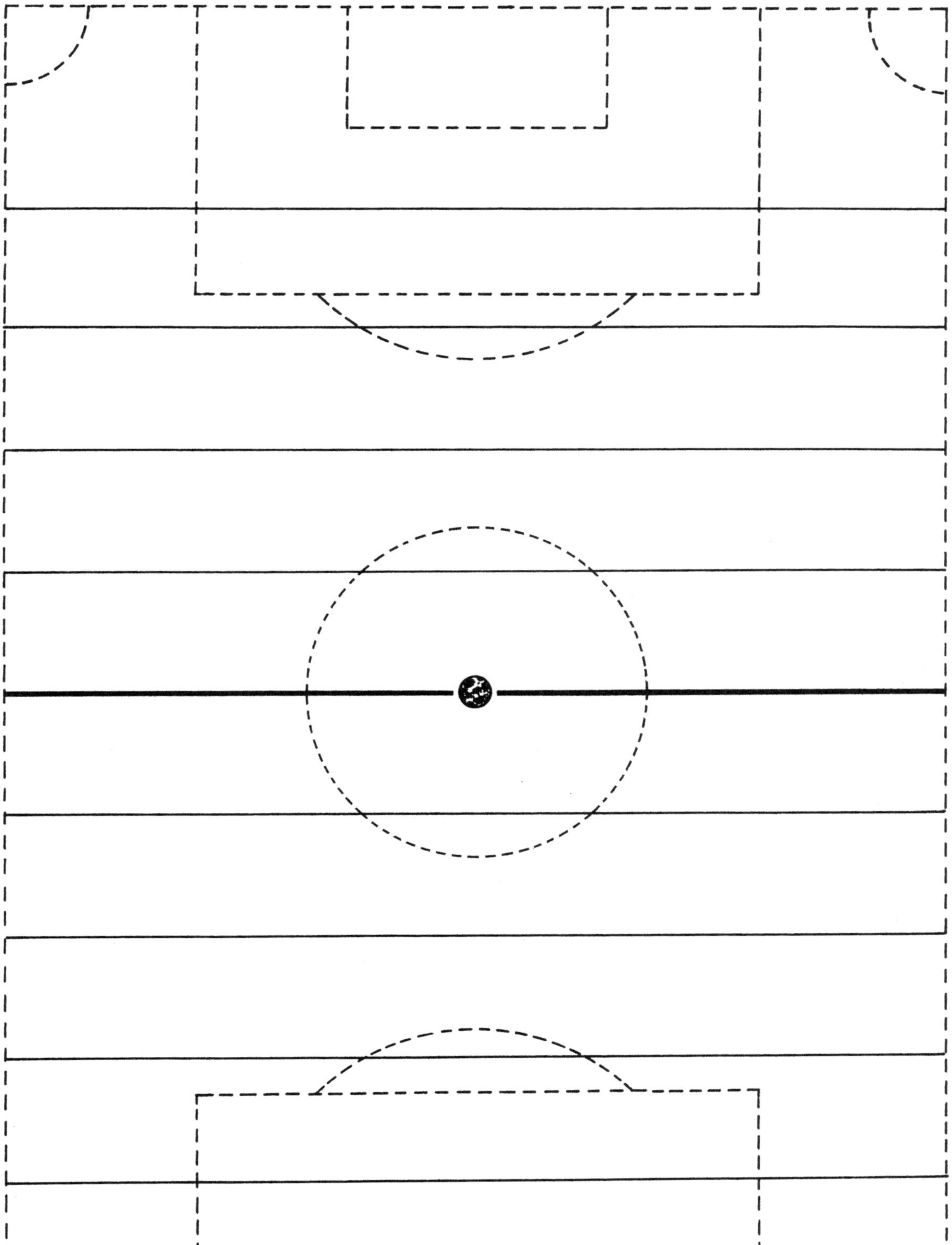

Name: ______________________________

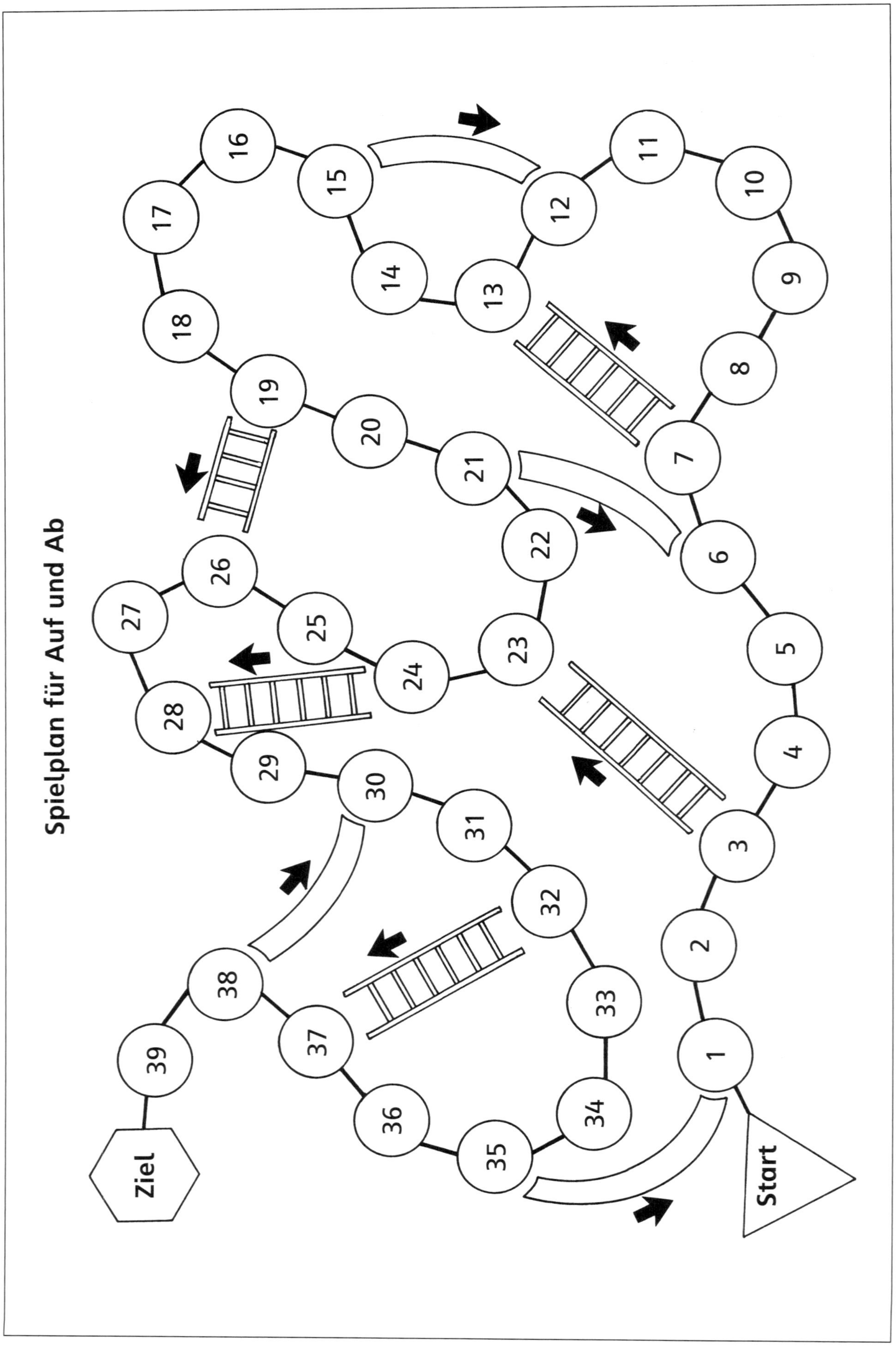
Spielplan für Auf und Ab
Start
1
2
3
4
5
6
7
8
9
10
11
12
13
14
15
16
17
18
19
20
21
22
23
24
25
26
27
28
29
30
31
32
33
34
35
36
37
38
39
Ziel

Name: ______________________________

Kreislabyrinth

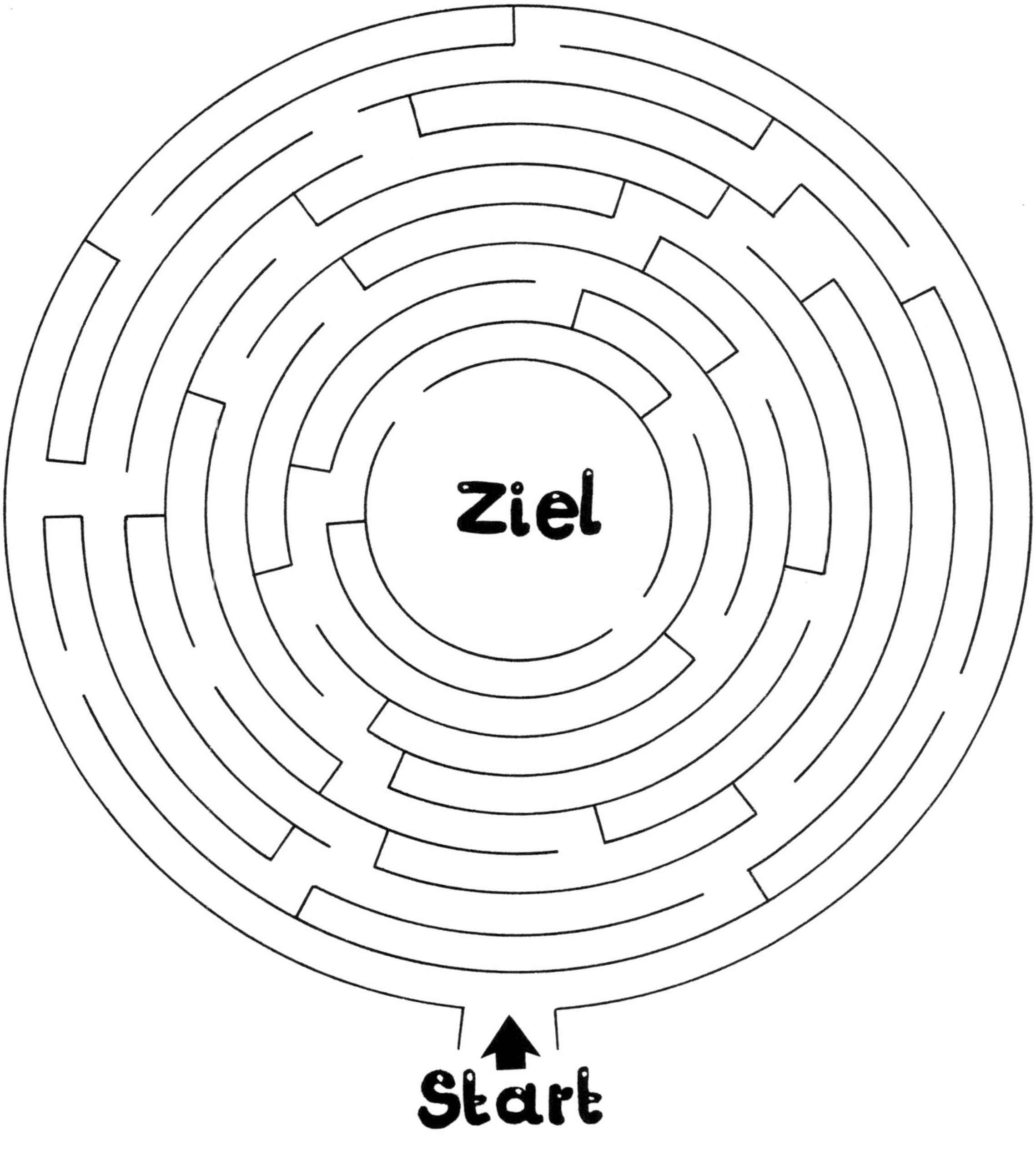

Dechiffrierscheibe für Geheimschrift

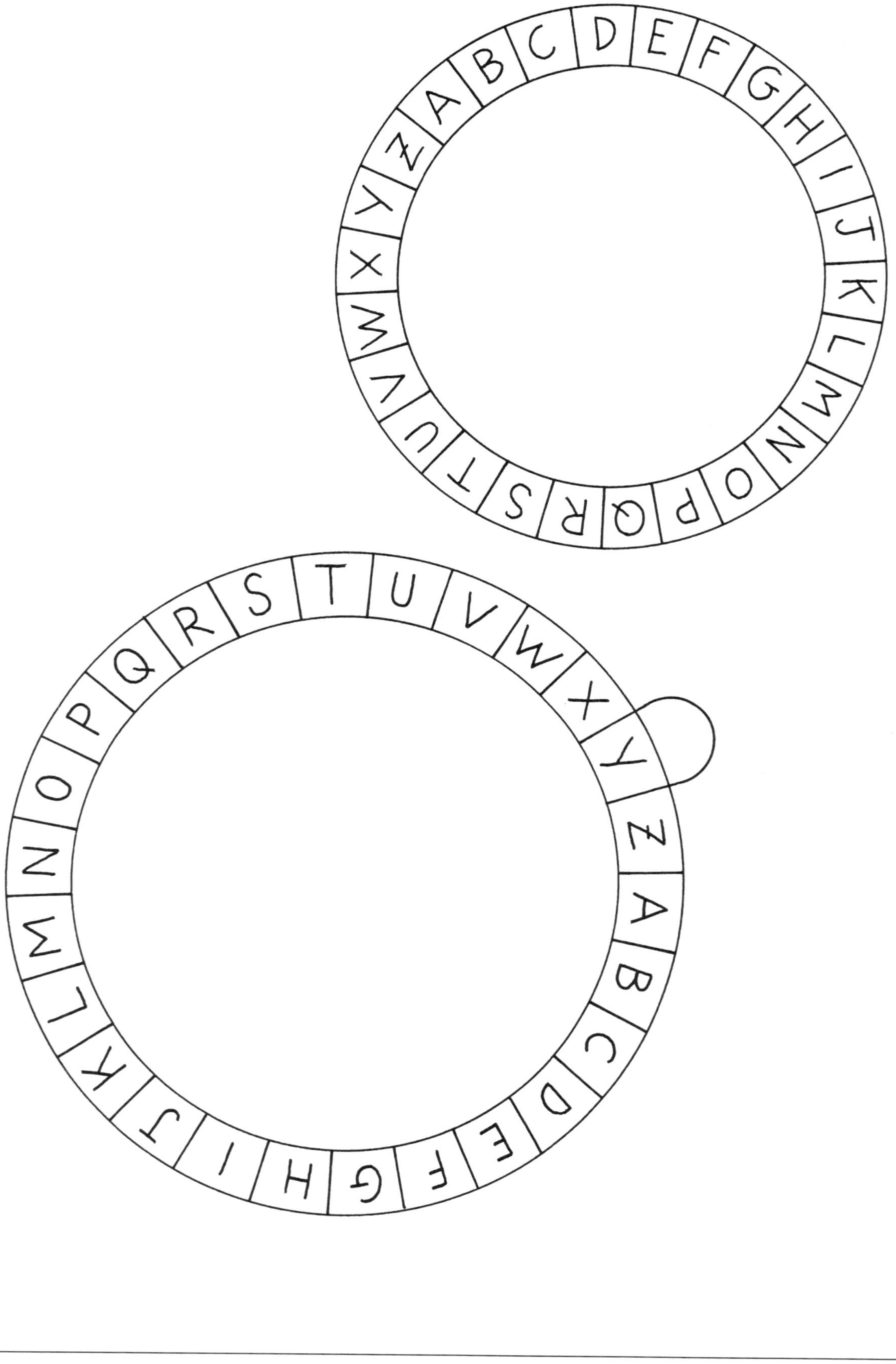

Wortknoten

Was ist hier versteckt?

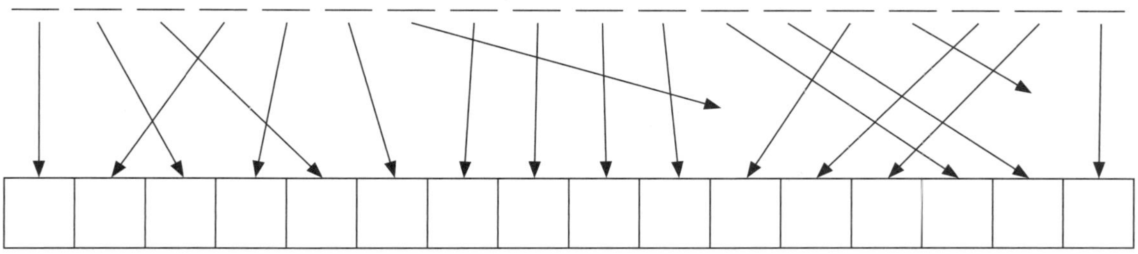

Was ist hier versteckt?

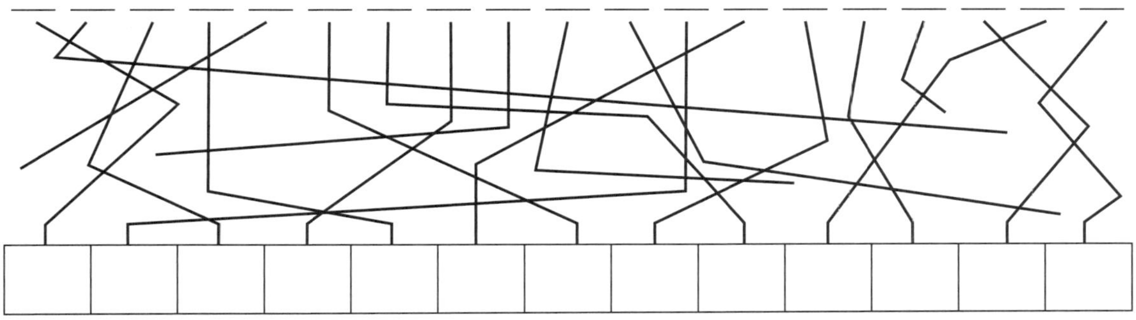

Was ist hier versteckt?

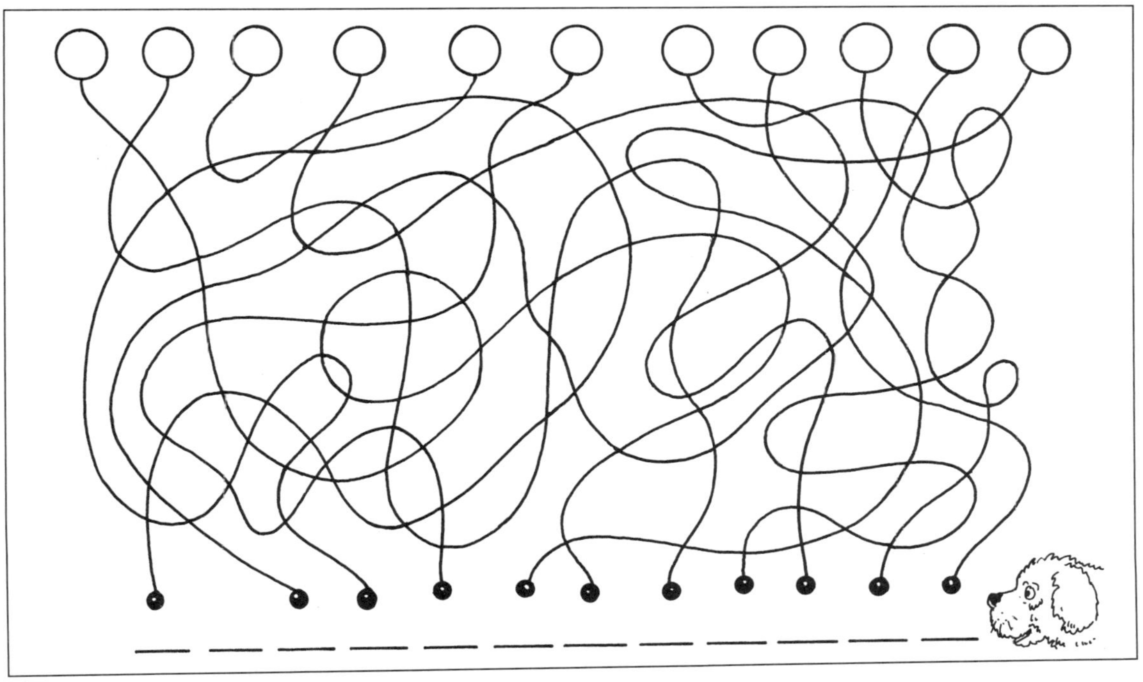

Name: ______________________

Buchstabengitter

Buchstaben-Labyrinth

Ziel

Start

 Name: ____________________

Durchgestrichen

A	U T		1
B	S	A	2
C	O E B	K L	3
D	I L G	D	4
E	F N	E	5
F	M	P	6
G	A Q R	S V C	7
H	Z H	X	8
I	A	H	9
J	Y T	D	10

Lösung: ____________________

 162149 Praxis Pädagogik

Name: ______________________

Schiffe versenken

Spieler 1

	A	B	C	D	E	F	G	H	I	J
1										
2										
3										
4										
5										
6										
7										
8										
9										
10										

Spieler 2

	A	B	C	D	E	F	G	H	I	J
1										
2										
3										
4										
5										
6										
7										
8										
9										
10										

Anhang

Herstellungsanleitung für Stationenwimpel, Kartenhalter und Ablagekorb für das Material

Material:

3 verschiedene Sperrholzplatten, je 10 mm dick (Maße siehe Bauteile 1 bis 3)
1 Holzwäscheklammer oder zwei Schraubhaken,
bei Bedarf Holzbeizen und Klarlack zum Bemalen

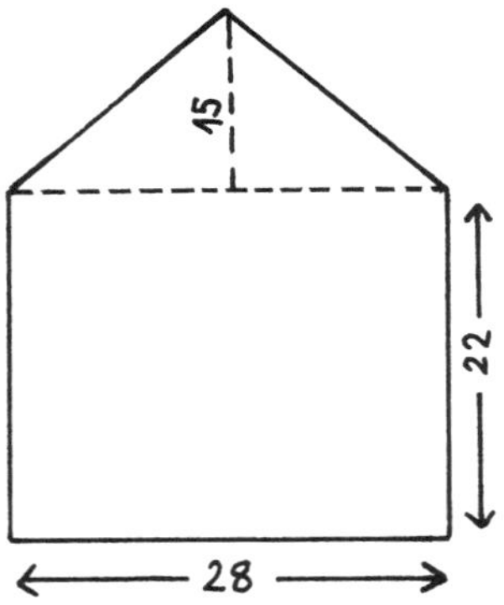

Bauteil 1 (in cm)

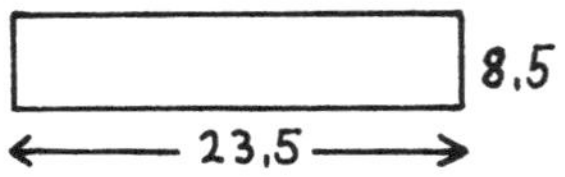

Bauteil 2 (23,5 cm x 8,5 cm)

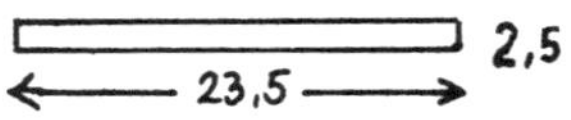

Bauteil 3 (23,5 cm x 2,5 cm)

Anleitung:

1. Bauteil 3 auf Bauteil 1 leimen
   (auf exakte Position achten, Maße in cm!):

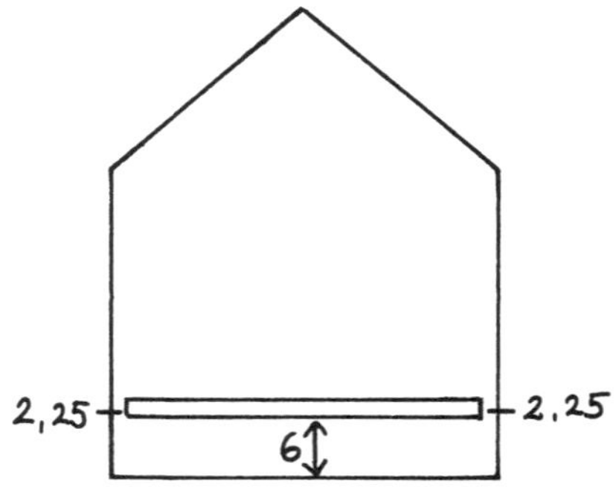

2. Bauteil 2 an Bauteil 3 leimen. Darauf achten, dass der Spalt frei bleibt, in den später der Ablagekorb eingehängt wird (siehe Abb. 7 auf Seite 16).
3. Wäscheklammer leimen bzw. Schraubhaken eindrehen (s. Abb. 6 und 8, Seite 16)
4. Je nach Lust und Laune mit wasserlöslichen Holzbeizen bemalen und zum Schutz mit Klarlack überstreichen.

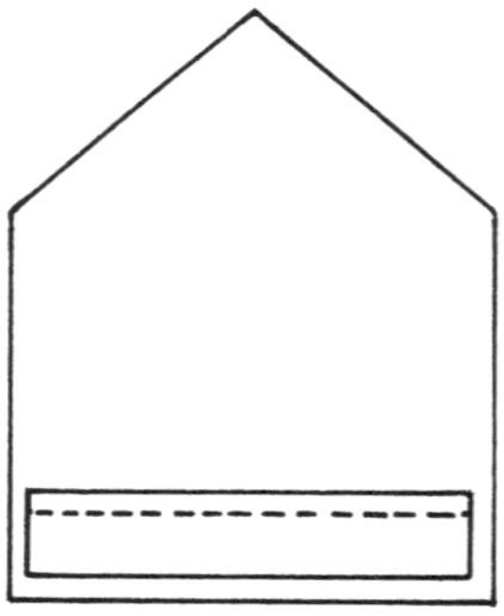

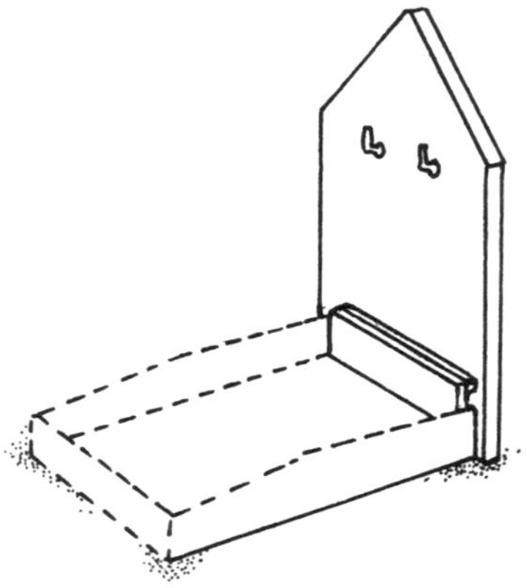

Mögliche Quizfragen für die Methode Nr. 43 – Rätsel erster Buchstabe

Die Rätselfragen sind hier aus Platzgründen stichwortartig notiert, für die Schüler bitte als ganzen Satz formulieren.

A: Tier, das gut klettern kann (Affe); Kleines, fleißiges Wald- und Wiesentier (Ameise)
B: Die Hauptstadt von Deutschland (Berlin); Tier, das Honig produziert (Biene)
C: Tier, das seine Farbe wechselt (Chamäleon); Im Zirkus lachst du über ihn (Clown)
D: Jemand, der anderen etwas stiehlt (Dieb); Der letzte Monat des Jahres (Dezember)
E: Kleines Klettertier mit buschigem Schwanz (Eichhörnchen); Tier, das I-A macht (Esel)
F: Tiere, die im Wasser leben (Fische); Jahreszeit, in der die ersten Blumen blühen (Frühling)
G: Am Sonntag läuten sie in der Kirche (Glocken); Man isst mit Messer und ... (Gabel)
H: Schnelles Tier mit zwei langen Ohren (Hase); Jahreszeit, in der die Blätter fallen (Herbst)
I: Stachliges Tier (Igel); Ein Stück Land, das ringsum von Wasser umgeben ist (Insel)
J: Der siebte Monat im Jahr (Juli); Jemand der Rehe schießt (Jäger)
K: Tier, das Mäuse und Vögel fängt (Katze); Im Zoo leben wilde Tiere in einem ... (Käfig)
L: Man braucht sie, um auf einen Baum zu steigen (Leiter); Die Maschine, die einen Zug zieht (Lokomotive)
M: Ein Himmelskörper, der um die Erde kreist (Mond); Der fünfte Monat im Jahr (Mai)
N: Das Gegenteil von Tag (Nacht); Vögel brüten darin ihre Eier aus (Nest)
O: Ein Instrument in der Kirche mit vielen Pfeifen und Tasten (Orgel); Damit hörst du (Ohr)
P: Sie wachsen im Wald und sind manchmal giftig (Pilze); Ein Vogel, der manchmal reden kann (Papagei)
Q: So nennt man das Rufen von Fröschen (quaken); Wenn Wasser aus einem Hang kommt, ist dort eine ... (Quelle)
R: Kämpfende Männer im Mittelalter (Ritter); "Haut" des Baumes (Rinde)
S: Jahreszeit, in der man gut im Freien baden kann (Sommer); Um zu lernen gehst du in die ... (Schule)
T: Der Lehrer schreibt auf die ... (Tafel); Wenn man isst, setzt man sich an einen ... (Tisch)
U: Ein Schiff, das unter Wasser fahren kann (U-Boot); So nennt man den Rand eines Sees (Ufer)
V: Fliegende Tiere, die oft singen und pfeifen (Vögel); Die Zahl nach drei (vier)
W: Jahreszeit mit Schnee (Winter); "Ding" am Himmel, aus dem der Regen kommt (Wolke)
X: 24. Buchstabe im Alphabet (X); Ein Musikinstrument, das mit Schlägeln gespielt wird (Xylophon)
Y: Ein großes Segelschiff heißt ... (Yacht); 25. Buchstabe im Alphabet (Y)
Z: Eine sehr saure Frucht (Zitrone); Dort kannst du fremde, wilde Tiere anschauen (Zoo)

Mögliche Quizfragen für die Methode Nr. 43 (schwere Variante) – Rätsel letzter Buchstabe

A: Ein anderes Wort für Großvater (Opa); Ein Tier mit schwarz-weißen Streifen (Zebra)
B: Wenn du dein Glas zur Hälfte ausgetrunken hast, ist es nur noch ... voll (halb); Die Farbe der Mittagssonne (gelb)
C: Der dritte Buchstabe im Alphabet (C); Eenn jemand sehr schön angezogen ist, sagt man er ist sehr ... (chic)
D: Wer viel davon hat, ist reich (Geld); Ein beliebtes Haustier, das bellt (Hund)
E: So heißt der größte See in Süddeutschland (Bodensee); Der Planet, auf dem wir leben (Erde)
F: Wir brauchen diesen Gegenstand zum Kochen (Topf); Aus diesem Tier hat sich unser Hund entwickelt (Wolf)

G: Der letzte Schultag vor dem Wochenende (Freitag); Im Zoo leben wilde Tiere in einem … (Käfig)
H: Der Tag in der Mitte der Woche (Mittwoch); Tier, das Milch erzeugt (Kuh)
I: Sechster Monat im Jahr (Juni); Ein Vogel, der manchmal reden kann (Papagei)
J: Der zehnte Buchstabe im Alphabet (J)
K: Ein Milchprodukt, das wir oft als Nachtisch essen (Quark); Bei Wanderungen hast du einen auf dem Rücken (Ruchsack)
L: Der vierte Monat im Jahr (April); Sie regelt mit drei Farben den Verkehr (Ampel)
M: Das Gegenteil von klug (dumm); Auf ihn kannst du klettern (Baum)
N: Eenn einer davon weh tut, gehst du zum Zahnarzt (Zahn); Frucht der Tanne (Tannenzapfen)
O: Dort kannst du fremde, wilde Tiere anschauen (Zoo); So hieß früher der ägyptische König (Pharao)
P: Ein Pferd, das schnell rennt, rennt im … (Galopp); Ein anderes Wort für „Halt" (Stopp)
Q: Der 17. Buchstabe im Alphabet (Q)
R: Technisches Gerät, mit dem man Texte schreibt oder spielt (Computer); Die Ureinwohner von Nordamerika (Indianer)
S: Ein schlaues Waldtier mit rotbraunem Fell (Fuchs); Dieser alte Mann kommt am 5. Dezember zu den Kindern (Nikolaus)
T: Der Bäcker stellt es her (Brot); Der achte Monat im Jahr (August)
U: Ein anderes Wort für Schwein (Sau); Ein Waldvogel der so heißt wie er ruft (Uhu)
V: Der 22. Buchstabe im Alphabet (V); Das Gegenteil von frech (brav)
W: Der 23. Buchstabe im Alphabet (W); Eenn im Fernsehen oder Radio Fragen an jemanden gestellt werden, nennt man das ein … (Interview)
X: Drittletzter Buchstabe im Alphabet (X); Ein Pferd steht in einer … (Pferdebox)
Y: Er betreute früher große Rinderherden in Nordamerika (Cowboy); Englisches Wort für „Junge" (boy)
Z: Dieses Organ pumpt das Blut durch unseren Körper (Herz); Der dritte Monat des Jahres (März)

Sonstiges Material

Als Fundgrube erweisen sich die Kataloge mancher Lehr- und Lernmittelverlage. Diese bieten Lernspiele an, die optimal innerhalb der Stationenarbeit verwendet werden können, da sie mit Blanko-Karten versehen sind und so für jedes Thema selbst präpariert werden können (z. B. Lern-Paarspiel, Stöpselkarten, Lernschiffchen, Holzsetzleiste).
Viele dieser Spiele können auch komplett selbst hergestellt werden.

Bezugsadressen

- Beenen-Lehrmittel, Issumer Weg 19, 46519 Alpen
- AOL, Waldstr. 18, 77839 Lichtenau
- VLS-Verlag (Brunhilde Lehmann), von-Ketteler-Str. 12, 97447 Gerolzhofen

Normale Blanko-Karten für Paarspiele, Quartett, Puzzle u. a. können bezogen werden über:
- ALS-Verlag, Postfach 1440, 63114 Ditzenbach, www.als-verlag.de
- Schubi Verlag Lehrmittel GmbH, Zeppelinstr. 8, 78244 Gottmadingen

Manchmal ist es auch notwendig, direkt auf folierte Aufgabenblätter zu schreiben.

Hier gibt es inzwischen im Fachhandel trocken abwischbare Stifte, z. B. den Boardmarker von Legamaster oder Edding oder den correctable-Stift von Staedtler.
Diese sind besser verwendbar als die löslichen Folienstifte, die immer nass abgewischt werden müssen.

Literaturverzeichnis

Altenburg, E. u. a.: Stationenlernen im fächerübergreifenden Sachunterricht. Auer Verlag, Donauwörth 2000.

Bartl, A.: Die schönsten Lernspiele für Kinder. Südwest Verlag, München 1997.

Bauer, R.: Lernen an Stationen in der Grundschule. Cornelsen, Berlin 1997.

Bauer, R.: Lernen an Stationen weiterentwickeln, Wege zur Differenzierung und zum individuellen Lernen. Cornelsen, Berlin 2009.

Cornell, J.: Mit Kindern die Natur erleben. Verlag an der Ruhr, Mülheim 1991.

Faust-Siehl, G.: Lernzirkel. In: Claus Claussen: Handbuch Freie Arbeit. Beltz Weinheim, Basel 1995.

Gieth van der, H.-J.: Lernzirkel – die neue Form des Unterrichts. Buchverlag Kempen, Kempen 2001.

Glonnegger, E.: Das große Ravensburger Spielbuch. Otto Maier Verlag, Ravensburg 1983.

Hattie, J.: Visible learning, A Synthesis of over 800 Meta-Analyses Relating to Achievement. London, New York 2009 (deutsch ab Mai 2013: Hattie, J. u. a.: Lernen sichtbar machen. Schneider Verlag, Hohengehren 2013).

Hänggi, U.: Literatur-Kartei zum Janosch-Buch „Post für den Tiger". Verlag an der Ruhr, Mülheim 1994.

Hegele, I. (Hrsg.): Lernziel: Stationenarbeit, eine neue Form des offenen Unterrichts. Beltz, Weinheim, Basel 1998.

Hollstein, G.: Stationenarbeit – entdecken, erproben, erfahren. Beltz, Weinheim, Basel 1998.

Huber, G. L.: Lernen in Schülergruppen, Studienbrief 1 des Fernstudienprojekts „Pädagogisch-psychologische Grundlagen für das Lernen in Gruppen". DIFF, Tübingen 1985.

Jeitner-Hartmann, B. (Hrsg.): Das große Ravensburger Buch der Kinderbeschäftigung. Otto Maier Verlag, Ravensburg 1991.

Knapp, A.: Lernzirkel. In: Potthoff, W. : Lernen und Üben mit allen Sinnen. Reformpädagogischer Verlag Jörg Potthoff, Freiburg 1991.

Köckenberg, H.: Bewegtes Lernen. Borgmann, Dortmund 1997.

Krebs, H./Faust-Siehl, G.: Lernzirkel im Unterricht der Grundschule. Reformpädagogischer Verlag Jörg Potthoff, Freiburg 1993.

Landeszentrale für politische Bildung Ba-Wü (Hrsg.): Rätselhafte Politik. Stuttgart 1994.

Lankes, E.-M.: Die Rolle der Lernsituation. In: Grundschule 6/2000. Westermann Braunschweig 2000.

Mühlbradt, U.: LOGO Konzentrationstraining für den Deutschunterricht. Cornelsen, Berlin 1994.

Pallasch, W./Zopf, D.: Methodix – Bausteine für den Unterricht. Beltz, Weinheim, Basel 1991.

Petillon, H.: Von Adlerauge bis Zauberbaum, 1000 Spiele für die Grundschule. Knecht Verlag 1997.

Portmann, R./Schneider, E.: Spielen mit Buchstaben, Wörtern, Texten. Don Bosco Medien, München 1984.

Regelein, S.: Lernspiele für die Grundschule. Oldenbourg Verlag, München 1990.

Schulze, E.: Rätselsprache und Sprachrätsel. Verlag an der Ruhr, Mühlheim 1994.

Skitt, C.: Superrätsel für schlaue Köpfe. Logiktraining. Arena, Würzburg 2002.

Spier, A.: Mit Spielen Deutsch lernen. Cornelsen, Berlin 1981.

Wahl, D.: Methodensammlung. PH Weingarten.

Wahl, D. u. a.: Psychologie für die Schulpraxis. Kösel-Verlag, München 1984.

Wahl, D.: Lernumgebungen erfolgreich gestalten. Verlag Julius Klinkhardt, Bad Heilbrunn 2006.

Wallaschek, U.: Lernzirkel – eine Arbeitsform, die selbstständiges, individuelles Arbeiten ermöglicht. In: Lehmann, B. (Hrsg.): Kinderschule – Lehrerschule. Langenau-Ulm 1991.

Wucherer, M.: Methodensammlung, Zulassungsarbeit für das Kontaktstudium „Erwachsenenbildung" an der PH Weingarten , unveröffentlicht, ohne Jahrgang.